COMO LER LITERATURA

TERRY EAGLETON

COMO LER LITERATURA

Tradução de Denise Bottmann

4ª EDIÇÃO

L&PM EDITORES

Texto de acordo com a nova ortografia.

Título original: *How to Read Literature*

1ª edição: primavera de 2019
4ª edição: inverno de 2022

Tradução: Denise Bottmann
Capa: nathanburtondesign.com
Preparação: Marianne Scholze
Revisão: Simone Diefenbach

CIP-Brasil. Catalogação na publicação
Sindicato Nacional dos Editores de Livros, RJ.

E11c

Eagleton, Terry, 1943-
 Como ler literatura / Terry Eagleton; tradução Denise Bottmann. – 4. ed. – Porto Alegre, RS: L&PM, 2022.
 224 p. ; 21 cm.

 Tradução de: *How to Read Literature*
 ISBN: 978-85-254-3659-7

 1. Literatura inglesa. I. Bottmann, Denise. II. Título.

17-40966 CDD: 823
  CDU: 821.111-3

© 2013 by Yale University
Originally published by Yale University Press

Todos os direitos desta edição reservados a L&PM Editores
Rua Comendador Coruja, 314, loja 9 – Floresta – 90.220-180
Porto Alegre – RS – Brasil / Fone: 51.3225.5777

Pedidos & Depto. Comercial: vendas@lpm.com.br
Fale conosco: info@lpm.com.br
www.lpm.com.br

Impresso no Brasil
Inverno de 2022

Em memória de
Adrian e Angela Cunningham

Sumário

Prefácio 9

1. Inícios 11
2. Personagem 53
3. Narrativa 87
4. Interpretação 123
5. Valor 179

Índice remissivo 211

Prefácio

Como o sapateado, a arte de analisar obras literárias está quase extinta. Toda uma tradição de "leitura vagarosa", como dizia Nietzsche, corre o risco de sumir sem deixar rastro. Ao prestar uma atenção minuciosa à forma e à técnica literária, este livro é uma modesta tentativa de vir em sua salvação. Ele foi concebido basicamente como um guia para principiantes, mas espero que também seja útil para quem já se dedica a estudos literários ou simplesmente gosta de ler poemas, peças e romances nas horas de lazer. Procuro lançar alguma luz sobre temas como a narrativa, o enredo, o personagem, a linguagem literária, a natureza da ficção, problemas de interpretação crítica, o papel do leitor e a questão dos juízos de valor. O livro também discorre sobre alguns autores e correntes literárias como o classicismo, o romantismo, o modernismo e o realismo, para quem talvez se sinta precisado.

 Sou mais conhecido, creio eu, como teórico literário e crítico político, e talvez alguns leitores perguntem como ficam tais interesses neste livro. Minha resposta é que é impossível levantar questões políticas ou teóricas sobre textos literários sem ter alguma sensibilidade à linguagem deles. Aqui, a intenção é oferecer a leitores e estudantes alguns instrumentos básicos do ofício crítico, sem os quais dificilmente conseguirão passar para outros temas. Espero mostrar que a análise crítica pode ser divertida e, com isso, ajudar a destruir o mito de que a análise é inimiga do prazer.

T.E.

Capítulo 1

Inícios

Imagine-se ouvindo um grupo de estudantes num seminário, debatendo o romance *O morro dos ventos uivantes*, de Emily Brontë. A conversa é mais ou menos a seguinte:

> *Estudante A:* Não vejo o que tem de tão genial na relação da Catherine com o Heathcliff. Parecem só dois moleques batendo boca.
> *Estudante B:* Bom, não é bem uma *relação*, né? É mais tipo uma união mística de almas. Não dá pra falar disso numa linguagem comum.
> *Estudante C:* E por que não? Heathcliff não é um místico, é um brutamontes. O cara não é um herói byroniano; ele é ruim.
> *Estudante B:* Tá, tá bom; mas o que deixou ele assim? O pessoal do Morro, claro. Ele era legal quando criança. Mas aí acham que ele não presta pra casar com a Catherine, e então vira um monstro. Pelo menos não fica choramingando feito o Edgar Linton.
> *Estudante A:* É, o Linton é meio fracote mesmo, mas trata a Catherine muito melhor do que o Heathcliff.

O que há de errado nesse debate? Alguns dos pontos apresentados são bastante perspicazes. Todos parecem ter lido além da página 5. Ninguém está confundindo Heathcliff com o nome de alguma cidadezinha do Kansas. O problema é que, se uma pessoa que nunca ouviu falar de *O morro dos ventos uivantes* escutasse a conversa, não teria a menor pista para entender que os estudantes estão falando de um *romance*. Poderia achar que eles estão falando de alguns amigos meio esquisitos. Talvez Catherine seja uma aluna do curso de Administração, Edgar Linton, o diretor da Faculdade de Artes e Heathcliff, um bedel amalucado. Não se fala nada sobre as técnicas que o romance usa para construir os personagens. Ninguém pergunta sobre as atitudes que o próprio livro adota em relação a essas figuras. Os juízos no livro são sempre coerentes ou podem ser ambíguos? E as imagens, o simbolismo e a estrutura narrativa do romance? Reforçam ou enfraquecem o que sentimos sobre os personagens?

Naturalmente, continuando o debate, ficaria mais claro que os estudantes estavam falando de um romance. Muitas vezes, até os comentários dos críticos sobre poemas e romances parecem conversas sobre a vida real. Não há nenhum grande crime nisso. Mas, hoje em dia, é o que mais acontece. O erro mais comum dos estudantes de literatura é ir diretamente ao que diz o poema ou o romance, deixando de lado a maneira como se diz. Ler desse modo é abandonar a "literariedade" da obra – o fato de ser um poema, uma peça ou um romance, e não um texto sobre o grau de erosão do solo no Nebraska. As obras literárias, além de relatos, são peças retóricas. Exigem um tipo de leitura especialmente alerta, atenta ao tom, ao estado de espírito, ao andamento, ao gênero, à sintaxe, à gramática, à textura, ao ritmo, à estrutura narrativa, à pontuação, à ambiguidade – de fato, a tudo o que entra na categoria de "forma". Vá lá que sempre é possível ler uma matéria sobre a erosão do solo no Nebraska dessa maneira "literária". Significa apenas prestar grande atenção aos modos de utilizar a linguagem. Para alguns teóricos literários, é o que basta para transformá-la numa obra de literatura, embora muito provavelmente não venha a rivalizar com *Rei Lear*.

O que entendemos por obra "literária" consiste, em parte, em tomar *o que* é dito nos termos *como* é dito. É o tipo de escrita em que o conteúdo é inseparável da linguagem na qual vem apresentado. A linguagem é constitutiva da realidade ou da experiência e não se resume a mero veículo. Tome-se uma placa de estrada dizendo: "Em obras: grande lentidão na Ramsbottom Bypass pelos próximos 23 anos". Aqui, a linguagem é simples veículo para algo que pode ser expresso de inúmeras maneiras. Uma autoridade local mais ousada até poderia pôr em versos. Se não soubessem por quanto tempo a estrada ficaria bloqueada, daria para rimar "Obras interditando" com "Sabe Deus até quando". Já "Ao se putrefazerem, muito mais tresandam os lírios do que as ervas daninhas" [Shakespeare, "Soneto 94"] é muito mais difícil de parafrasear, pelo menos sem estragar totalmente o verso. E é isso, entre várias outras coisas, o que queremos dizer ao chamá-lo de poesia.

Dizer que devemos observar como é feito aquilo que se faz numa obra literária não significa que as duas coisas sempre se encaixem perfeitamente. Você pode, por exemplo, contar a vida de um rato do campo em versos brancos miltonianos. Ou pode discorrer sobre a vontade de ser livre usando uma métrica inflexivelmente rigorosa. Em casos assim, a forma destoa do conteúdo de um modo interessante. Em seu romance *A revolução dos bichos*, George Orwell transpõe a complexa história da Revolução Bolchevique para os moldes de uma fábula aparentemente simples sobre os animais de uma fazenda. Em tais casos, os críticos falam em tensão entre forma e conteúdo. Podem tomar essa discrepância como parte do significado da obra.

Na discussão que acabamos de ouvir, os estudantes têm opiniões divergentes sobre *O morro dos ventos uivantes*. Isso levanta toda uma série de questões que, falando em termos estritos, pertencem mais à teoria literária do que à crítica literária. O que está presente na interpretação de um texto? Existem maneiras certas e erradas de interpretar? Podemos demonstrar que uma interpretação é mais válida do que outra? Existe uma apresentação de um romance que seja a única verdadeira, à qual ninguém ainda chegou ou à qual ninguém jamais chegará? O Estudante A e o Estudante B podem estar ambos certos sobre Heathcliff, mesmo que o enxerguem de maneira tão diferente um do outro? Talvez o pessoal do seminário tenha abordado essas questões, mas muitos estudantes hoje em dia não o fazem. Para eles, o ato de ler é muito inocente. Não percebem que o mero fato de dizer "Heathcliff" já é uma questão complicada. Afinal, em certo sentido Heathcliff não existe e fica estranho falar dele como se existisse. Bom, é verdade que alguns teóricos da literatura pensam que os personagens literários existem. Um deles acha que a nave espacial *Enterprise* realmente tem um escudo térmico. Outro acredita que Sherlock Holmes é de carne e osso. Outro ainda diz que o sr. Pickwick, de Dickens, é real e que, mesmo que a gente não consiga vê-lo, seu criado Sam Weller consegue. Esses teóricos não são doidos; são filósofos, simplesmente.

Existe uma ligação, que passou despercebida na conversa dos estudantes, entre as próprias divergências deles e a estrutura do romance em si. *O morro dos ventos uivantes* narra sua história envolvendo vários pontos de vista. Não existe uma "narração" ou um narrador único confiável para guiar as reações do leitor. Pelo contrário, temos uma série de relatos, alguns provavelmente mais confiáveis do que outros, um embutido dentro do outro como num jogo de caixas chinesas. O livro entrelaça várias mininarrativas, sem nos dizer o que fazer com os personagens e acontecimentos apresentados. Não se preocupa em nos alertar se Heathcliff é herói ou vilão, se Nelly Dean é esperta ou tapada, se Catherine Earnshaw é uma heroína trágica ou uma mocinha mimada. Assim, fica difícil para os leitores tecer juízos definitivos sobre a história, e a dificuldade aumenta ainda mais por causa da cronologia truncada.

Podemos comparar essa "visão complexa", como se costuma dizer, com os romances de Charlotte Brontë, irmã de Emily. *Jane Eyre*, de Charlotte, é narrado apenas de um ponto de vista, o da própria heroína, e espera-se do leitor que confie em tudo o que Jane diz. Nenhum personagem do livro é autorizado a fazer uma exposição dos fatos que questione seriamente a dela. Nós, leitores, podemos desconfiar de que a versão de Jane nem sempre é isenta de uma ponta de oportunismo ou de alguma ocasional malícia. Mas o romance em si não parece admiti-lo.

Já em *O morro*, o viés de cada relato dos personagens vem embutido na própria estrutura do livro. Logo ficamos alertas a isso, ao percebermos que Lockwood, o principal narrador do romance, não é propriamente o sujeito mais inteligente do mundo. De vez em quando, ele até chega a entender os fatos macabros que estão acontecendo em volta dele. Nelly Dean é uma narradora parcial, que quer prejudicar Heathcliff, e não podemos confiar plenamente no que ela diz. A história é vista de maneiras diferentes por quem está no mundo do Morro dos Ventos Uivantes e por quem está na propriedade vizinha, a Granja do Tordo. No entanto, os dois pontos de vista são defensáveis, mesmo quando entram em choque. Heathcliff pode ser um sádico brutal e também um pária maltratado. Catherine pode ser uma menina petulante e também uma mulher adulta em busca de realização. O romance em si não nos pede para escolher. Pelo contrário, ele nos deixa manter a tensão entre essas versões conflitantes da realidade. Isso não significa que seja preciso trilhar algum sensato caminho do meio entre ambas. As tragédias costumam ser muito parcas em caminhos do meio.

Assim, é importante não confundir ficção e realidade, risco que parece ameaçar os estudantes do debate. Próspero, o herói de *A tempestade*, de Shakespeare, adianta-se no final da peça para advertir o público contra esse erro, mas o faz de uma maneira que sugere que confundir a arte com o mundo real pode diminuir os efeitos dela sobre esse mundo:

Acabaram-se os encantos que eu tinha
E a força que me resta é apenas minha,
Que é muito débil, aliás. A verdade, eis,

É que me manter aqui preso decidireis
Ou me enviar a Nápoles. A vós peço,
Tendo obtido meu ducado de regresso
E perdoado ao embusteiro, não restar
Por feitiço vosso nesta ilha longe do lar,
Mas libertai-me de meus grilhões
Com o auxílio de vossas boas mãos.

O que Próspero faz é pedir os aplausos do público. É uma das coisas que ele quer dizer com "o auxílio de vossas boas mãos". Aplaudindo, os espectadores no teatro reconhecerão que aquilo a que estiveram assistindo era uma obra de ficção. Se não o reconhecerem, eles e os personagens no palco ficarão como que presos para sempre dentro da ilusão teatral. Os atores não poderão sair de cena, o público continuará imobilizado no auditório. É por isso que Próspero fala do perigo de ficar confinado em sua ilha mágica "por feitiço vosso", referindo-se à relutância do público em abandonar a fantasia em que está envolvido. O que precisam fazer, pelo contrário, é bater palmas e assim o libertar, como se ele estivesse solidamente agrilhoado na ficção imaginária do público, incapaz de se mover. Aplaudindo, os espectadores admitem que se trata simplesmente de uma peça teatral; mas essa admissão é essencial para que o drama tenha efeitos reais. A menos que aplaudam, saiam do teatro e voltem ao mundo real, serão incapazes de utilizar qualquer coisa que a peça lhes tenha revelado. O feitiço precisa ser rompido para que a magia funcione. De fato, acreditava-se na época que uma maneira de quebrar um feitiço mágico era o barulho, e esse é mais um significado do pedido de Próspero para que a plateia aplauda.

***

Aprender a ser crítico literário consiste, entre outras coisas, a aprender como empregar certas técnicas. Como em muitas delas – praticar mergulho ou tocar trombone, por exemplo –, é mais fácil pegar na prática do que na teoria. Essas técnicas exigem uma atenção à linguagem maior do que normalmente se dedica a uma receita ou a um rol de lavanderia. Assim, neste capítulo, pretendo apresentar alguns exercícios práticos de análise literária, usando como textos as primeiras linhas ou frases de várias obras conhecidas.

Em primeiro lugar, uma palavrinha sobre os inícios em obras de literatura. Os finais são absolutos, no sentido de que, quando uma figura como Próspero desaparece, desaparece para sempre. Não temos como perguntar se realmente voltou a seu ducado, já que ele não sobrevive ao último verso da peça. Num certo sentido, os inícios literários também são absolutos. Não em todos os sentidos, é claro. Quase todas as obras de literatura começam com palavras que já foram usadas inúmeras vezes, embora não necessariamente combinadas da mesma maneira. Só conseguimos captar o sentido dessas frases iniciais porque chegamos a elas com um quadro de referências culturais que nos permite entendê-las. Também nos aproximamos com alguma noção prévia de o que é uma obra literária, o que se pretende com um início, e assim por diante. Nesse sentido, nenhum começo literário é realmente absoluto. Toda leitura supõe uma boa dose de preparação da cena. É preciso que muitas coisas já estejam ali para que um texto seja meramente inteligível. Uma delas é a existência anterior de obras literárias. Toda obra de literatura remete, mesmo que apenas inconscientemente, a outras obras. Apesar disso, o início de um poema ou romance também parece brotar de uma espécie de silêncio, visto que inaugura um mundo fictício que não existia antes. Talvez seja a coisa mais próxima do ato da Criação divina, como acreditavam alguns artistas românticos. A diferença é que estamos presos à Criação, ao passo que sempre podemos jogar fora nosso exemplar de Catherine Cookson*.

Comecemos pelas frases iniciais de um dos romances mais famosos do século XX, *Uma passagem para a Índia*, de E.M. Forster:

---

* Ficcionista inglesa (1906-1998), autora de dezenas de romances best-
-sellers.

> Tirando as Cavernas Marabar – uns trinta quilômetros além –, a cidade de Chandrapore nada mostra de especial. Cercada mais do que banhada pelo rio Ganges, estende-se por uns três quilômetros à sua margem, mal se distinguindo do entulho que ele deposita tão prodigamente. Não há degraus na frente do rio, pois aqui não são santas suas águas; na verdade, não há uma frente do rio e os bazares tapam o amplo panorama da correnteza em movimento. As ruas são pobres, os templos, imprestáveis e, embora existam algumas boas casas, elas ocultam-se atrás de jardins ou no final de vielas cuja imundície detém a todos, exceto o convidado...

Como no início de muitos romances, há aqui uma espécie de sensação de preparo, quando o autor limpa a garganta e monta formalmente a cena. Os escritores costumam dar o melhor de si no começo do Capítulo 1, ansiosos por impressionar, aflitos em capturar o olhar do leitor volúvel, às vezes decididos a lançar mão de tudo. Mesmo assim, precisam tomar cuidado para não exagerar, ainda mais quando se é um inglês culto de classe média como E.M. Forster, que valoriza a reticência e a obliquidade. Talvez seja por isso que a passagem começa fazendo uma ressalva ("Tirando as Cavernas Marabar"), e não soprando trombetas verbais a plenos pulmões. Ele se aproxima lateralmente do tema, em vez de abordá-lo de frente. "A cidade de Chandrapore nada mostra de especial, tirando as Cavernas Marabar, uns trinta quilômetros além" ficaria muito sem graça. Prejudicaria o equilíbrio da sintaxe, que é de uma elegância discreta. É tratada e arranjada com grande habilidade, mas, com suas tranquilas boas maneiras, não esfrega isso na cara do leitor. Não há nenhuma insinuação de "beletrismo" ou daquilo que às vezes chamamos de prosa "engalanada". O autor está atento demais a seu objeto para se entregar a essas pequenas vaidades.

As duas primeiras orações do romance protelam duas vezes seguidas o sujeito da frase ("a cidade de Chandrapore"), e assim o leitor sente suas expectativas aumentarem ligeiramente antes de chegar ao final da sentença. Mas as expectativas só aumentam para ser esvaziadas logo a seguir, pois então ficamos sabendo que a cidade não contém nada de admirável. Ou melhor, ficamos sabendo um tanto estranhamente que não há nada de admirável na cidade a não ser as Cavernas, mas as Cavernas não ficam na cidade. Também somos informados de que não há degraus na frente do rio, mas tampouco há uma frente de rio.

Os quatro elementos da primeira frase são quase metrificados no ritmo e no equilíbrio. De fato, é possível lê-los como trímetros, ou versos com três sílabas tônicas cada:

Tirando as Cavernas de Marabar
Uns trinta quilômetros além
A cidade de Chandrapore
Nada mostra de especial.

O mesmo equilíbrio delicado aparece na oração "Cercada mais do que banhada", talvez um pouco meticulosa demais. É um escritor com um olhar de percepção aguda, mas também de distanciamento frio. Ao estilo inglês tradicional, ele não se permite entusiasmos nem empolgações (a cidade "nada mostra de especial"). A palavra "mostra" é significativa. Chandrapore fica parecendo um espetáculo apresentado a um espectador, em vez de um lugar para se morar. "Nada mostra de especial" – a quem? Certamente ao turista. A passagem tem o tom – desencantado, levemente desdenhoso, um pouco arrogante – de um guia um tanto esnobe. Vai até onde sua ousadia lhe permite para sugerir que a cidade é, literalmente, um monturo de lixo.

A importância do tom para indicar a atitude é enunciada no próprio romance. A sra. Moore, uma inglesa que acaba de chegar à Índia colonial e desconhece os hábitos culturais britânicos de lá, conta ao filho Ronny, de mentalidade imperial, sobre o encontro que teve com um jovem médico indiano num templo. A princípio, Ronny não percebe que ela está falando de um "nativo" e, quando se dá conta, fica imediatamente irritado e desconfiado. "Por que ela não indicou pelo tom de voz que estava falando de um indiano?", pensa consigo mesmo.

Conforme avança o tom dessa passagem, podemos notar, entre outras coisas, a tripla aliteração em "não são santas suas águas", que flui um pouco ligeira demais. É uma estocada de um estrangeiro cético e conhecedor das crenças hindus. A aliteração sugere uma "manha", um discreto prazer pelo artifício verbal, que estabelece uma distância entre o narrador e a cidade tomada pela pobreza. O mesmo ocorre nas linhas "As ruas são pobres, os templos, imprestáveis e, embora existam algumas boas casas...". A sintaxe é um pouco elaborada demais, deliberada demais na intenção de obter um efeito "literário".

Até aqui, a passagem consegue manter essa cidade indiana miserável a certa distância sem ostentar uma superioridade demasiado ofensiva, mas a palavra "imprestáveis", usada para qualificar os templos, entrega o jogo de maneira quase escancarada. Mesmo que a sintaxe coloque o adjetivo em posição discreta numa oração, ele chega ao leitor como um leve tapa na cara. O termo supõe que os templos estão ali não para o culto dos habitantes, mas para a apreciação do observador. São imprestáveis no sentido de que não servem de nada para o turista com gosto artístico. Por causa do adjetivo, é como se fossem pneus murchos ou rádios quebrados. De fato, o adjetivo gera esse efeito de modo tão calculado que ficamos a pensar, talvez de maneira um pouco caridosa demais, se a intenção não seria irônica. Esse narrador estaria parodiando seu próprio ar de arrogância?

Fica bastante claro que o narrador, o qual não deve ser necessariamente identificado com o indivíduo histórico E.M. Forster, tem algum conhecimento prévio da Índia. Não é um recém-chegado. Sabe, por exemplo, que algumas partes do Ganges são sagradas, outras não. Talvez esteja implicitamente comparando Chandrapore a outras cidades do subcontinente.

Há um ar levemente enfastiado no resumo, como se o narrador já conhecesse demais o país para se impressionar à toa. Talvez o parágrafo pretenda esvaziar a noção romântica da Índia como país exótico e enigmático. O título do livro, *Uma passagem para a Índia*, pode alimentar essas expectativas no leitor ocidental, as quais o romance corta maldosamente desde o começo. Talvez essas linhas estejam se divertindo à socapa com seu efeito sobre aquele leitor que esperava algo um pouco mais misterioso do que entulhos e imundícies.

Por falar em imundície, por que as vielas sujas levando às casas melhores só não detêm o convidado? Provavelmente porque um convidado, ao contrário do turista ocasional, não tem outra escolha a não ser passar por elas. Aqui há o vulto de uma brincadeira: são justamente os mais privilegiados, aqueles afortunados o suficiente para receberem um convite das casas elegantes, que são obrigados a tomar um caminho passando pela lama. Ao dizer que a sujeira não detém esses convidados, eles aparecem dotados de louvável iniciativa e dinamismo, mas na verdade é a simples cortesia e talvez a perspectiva de um bom jantar que não lhes deixam alternativa.

Se o narrador é distanciado porque já viu demais, como pode sugerir o tom da passagem, então temos aí dois sentimentos antagônicos – o conhecimento interno e um distanciamento bastante altaneiro – coexistindo de uma maneira interessante. Talvez o narrador sinta que sua experiência geral da Índia justifica sua visão pessimista da cidade, o que não aconteceria no caso de um recém-chegado da Inglaterra. O que marca seu distanciamento de Chandrapore é o fato de ver a cidade numa panorâmica, e não num close-up. Também notamos que o que prende o olhar do narrador são as construções, não os moradores.

Essa passagem de um romance lançado em 1924, quando a Índia ainda estava sob o domínio colonial britânico, provavelmente parece de uma condescendência desagradável para muitos leitores de hoje. Assim, talvez ficassem surpresos ao saber que

Forster era um crítico vigoroso do imperialismo. Na verdade, foi um dos pensadores liberais mais renomados da época, quando o liberalismo era mais raro do que hoje. O romance como um todo guarda uma atitude ambígua em relação ao domínio imperial, mas muitas coisas nele causam franco desconforto nos entusiastas do Império. O próprio Forster trabalhou três anos para a Cruz Vermelha no porto egípcio de Alexandria, onde mantinha relações sexuais com um motorneiro pobre que, mais tarde, foi preso injustamente pelo regime colonial britânico. Forster criticava o poder britânico no Egito, detestava Winston Churchill, abominava todas as formas de nacionalismo e era um defensor do mundo islâmico. Tudo isso contribui para sugerir que a relação entre um autor e sua obra é mais complexa do que podemos imaginar. Mais adiante examinaremos essa questão. O narrador dessa passagem talvez expresse a posição pessoal de Forster, talvez o faça apenas em parte ou talvez não o faça de forma alguma. Realmente, não temos como saber. E nem vem muito ao caso.

Aqui nessa passagem há uma enorme ironia que o leitor só poderá perceber quando avançar na leitura do livro. O romance começa com uma negativa, que é imediatamente especificada: não há nada de especial em Chandrapore, tirando as Cavernas Marabar. Então as Cavernas Marabar são de fato especiais, mas isso é dito numa oração subordinada excludente, de modo que a sintaxe tem como efeito diminuir a importância delas. A ênfase recai mais em "a cidade de Chandrapore nada mostra de especial" do que em "Tirando as Cavernas Malabar". As Cavernas são mais fascinantes do que a cidade, mas a ordem sintática parece sugerir o contrário. As linhas também têm o efeito de despertar nossa curiosidade, apenas para frustrá-la a seguir. Com a mesma rapidez com que são mencionadas, as Cavernas são deixadas de lado, o que apenas aumenta nosso interesse por elas. Isso também é típico da reticência e da obliquidade do parágrafo. Não funcionaria mostrar um entusiasmo demasiado vulgar por essa atração turística local. Pelo contrário, sua importância é insinuada de maneira indireta e negativa.

Essa ambiguidade – as Cavernas são mesmo especiais ou não? – está no cerne de *Uma passagem para a Índia*. De modo obscuro, o próprio centro do livro aparece destilado nas palavras iniciais – de modo irônico e até provocador, visto que o leitor ainda não tem como saber disso. As obras literárias geralmente "sabem" coisas que o leitor não sabe, ainda não sabe ou talvez nunca venha a saber. Ninguém jamais saberá o que havia numa carta de Milly Theale para Merton Densher, no final do romance *As asas da pomba*, de Henry James, visto que outro personagem queima a missiva antes de podermos saber o que há nela. Talvez se possa dizer que nem mesmo Henry James conhecia seu conteúdo. Quando Shakespeare faz Macbeth lembrar a Banquo que compareça a um banquete que ele está dando e Banquo promete ir, a peça sabe, mas o espectador não, que Banquo de fato aparecerá na festa, mas como fantasma, uma vez que Macbeth o terá matado naquele meio-tempo. Shakespeare está fazendo uma pequena brincadeira às custas do público.

Em certo sentido, as Cavernas de Marabar realmente revelam ter a importância fundamental que vem sugerida nas palavras iniciais do romance. É lá que transcorre a ação central. Mas essa ação também pode ser uma ausência de ação. É difícil saber se acontece alguma coisa nas Cavernas. O próprio romance apresenta diversas interpretações da questão. Cavernas são literalmente ocas; assim, dizer que as Cavernas Marabar ocupam o centro do romance é como dizer que em seu cerne há uma espécie de oco ou de vazio. Como muitas obras modernistas da época de Forster, essa gira em torno de algo vago e indistinto. Há uma espécie de centro ausente. Se há de fato alguma verdade no cerne da obra, parece ser quase inapreensível. Assim, a frase inicial do romance opera como um modelo em miniatura do livro como um todo. Ela afirma a importância das Cavernas diminuindo-as sintaticamente, diminuição esta que também serve para ressaltá-las. E com isso ela prenuncia o papel ambíguo das Cavernas na história.

***

Agora podemos passar brevemente da prosa para o teatro. A primeira cena de *Macbeth* traz:

> 1ª bruxa: Quando teremos nova reunião?
> Com chuva, raio ou trovão?
> 2ª bruxa: Quando a lufa-lufa terminar,
> A batalha se perder e se ganhar.
> 3ª bruxa: Antes do pôr do sol será.
> 1ª bruxa: E o lugar?
> 2ª bruxa: Na charneca.
> 3ª Bruxa: Para encontrar Macbeth.
> 1ª Bruxa: Estou indo, Gatinho.
> 2ª Bruxa: O Sapo chama.
> 3ª Bruxa: Já vou!
> Todas: O puro é sujo, o sujo é puro.
> Cruzemos o turvo ar escuro.

Nesses treze versos, há três perguntas, duas logo no começo. Assim, a peça se inicia no interrogativo. Com efeito, todo o texto de *Macbeth* está repleto de perguntas, às vezes respondidas com outra pergunta, o que ajuda a criar uma atmosfera de incerteza, ansiedade e desconfiança constante. Fazer uma pergunta é pedir algo determinado em resposta, mas pouca coisa nessa peça é assim, muito menos as bruxas. Como aquelas mulheres barbadas, é até difícil saber a que sexo pertencem. São três, mas também agem como uma só, de modo que, numa medonha paródia da Santíssima Trindade, também é difícil contá-las separadamente. Em "Com chuva, raio, ou trovão?" também há três itens, mas, como assinalou o crítico Frank Kermode, o verso é bastante estranho ao sugerir uma alternativa entre essas condições atmosféricas (e a vírgula entre as palavras destacam esse ponto), já que os três fenômenos geralmente ocorrem juntos no que chamamos de tempestade. Então, aqui também, a contagem é um problema.

Inícios

Perguntas querem certezas e distinções claras, mas as bruxas subvertem as verdades assentes. Distorcem as definições e invertem os opostos. Por isso "o puro é sujo, o sujo é puro". Ou tome-se a expressão *hurly-burly* ["lufa-lufa"], que significa qualquer atividade de grande azáfama ou agitação. *Hurly* é muito parecido, mas não igual a *burly* [corpulento], e assim o termo contém um jogo de diferença e identidade. E isso reflete a Profaníssima Trindade das próprias bruxas. O mesmo se aplica a "A batalha se perder e se ganhar". Provavelmente significa que "um exército perde e outro ganha", mas também pode sugerir que, em tais empreendimentos militares, ganhar na verdade é perder. Que vitória há em massacrar milhares de soldados inimigos?

Perder e ganhar são opostos, mas o "e" entre eles (tecnicamente conhecido como um copulativo) coloca-os no mesmo nível, e assim ambos soam iguais, de modo que mais uma vez temos aqui uma mistura de identidade e alteridade. É como se fôssemos obrigados a ter em mente a contradição de que uma coisa pode ser outra ao mesmo tempo. No final, isso valerá para Macbeth em relação à existência humana, que parece vital e positiva, mas na verdade é uma espécie de nulidade. É "uma história contada por um idiota, cheia de som e fúria, significando nada". Nada, nota ele, é o que não é. Nada, e como apenas por um triz o nada não é alguma coisa, é uma questão central em Shakespeare. Raramente houve tanto barulho por nada nos anais da literatura mundial.

As bruxas se revelarão profetisas que podem ver o futuro. Isso talvez já fique claro nos versos iniciais, quando a segunda bruxa diz que as três se reencontrarão quando a batalha terminar. Mas talvez não seja uma antevisão; talvez já tenham combinado de se encontrar naquele momento e a primeira bruxa queira apenas confirmar o fato. A terceira observa que a batalha terminará antes do pôr do sol, mas isso tampouco requer qualquer dom profético. Normalmente, as batalhas terminam mesmo antes do pôr do sol. Não faz muito sentido combater um inimigo que não se enxerga. Pode-se esperar que as três fatídicas irmãs, as três parcas, como Macbeth as chamará mais tarde, sejam capazes de prever o desfecho da luta, mas não. "Perder e ganhar", que se aplica a quase todas as batalhas, pode ser uma maneira engenhosa de se protegerem de qualquer risco. Assim, não fica claro se elas estão profetizando ou não. Suas previsões não são confiáveis, como Macbeth descobrirá às próprias custas. O que anunciam em tom profético vem carregado de paradoxos e ambiguidades, mas também é paradoxal e ambíguo se elas, de fato, chegam a se arrogar o dom da profecia. A ambiguidade pode ser enriquecedora, como sabem todos os que estudam literatura, mas também pode ser letal, como descobrirá o protagonista.

O próximo da fila é o Todo-Poderoso. A primeira linha da Bíblia diz: "No princípio, Deus criou o céu e a terra". É uma abertura de grandiosa ressonância no texto mais célebre do mundo, simples e categórica ao mesmo tempo. A expressão "No princípio" se refere, evidentemente, ao princípio do mundo. Em termos gramaticais, seria possível entendê-la como referente ao momento em que Deus começou, significando que a primeira coisa que ele fez foi criar o mundo. A Criação foi o primeiro item da pauta divina, antes que Deus providenciasse um clima horrível para a Inglaterra e, num calamitoso lapso de atenção, permitisse que Michael Jackson viesse à existência. Mas como Deus, por definição, não tem origem, não pode ser esse o caso. Estamos falando da origem do universo, não da genealogia de Deus. No entanto, como essa frase é também a primeira linha do texto, não pode deixar de sugerir tal coisa. O começo da Bíblia é sobre o começo. Por um instante, a obra e o mundo parecem coincidir.

O narrador do Gênesis usa a expressão "No princípio" porque esta, tal como "Era uma vez", é uma maneira consagrada de começar uma história. A grosso modo, os contos de fada começam com "Era uma vez" e os mitos de origem se iniciam com "No princípio". Existem muitos mitos assim entre as culturas do mundo, sendo um deles o primeiro capítulo da Bíblia. Inúmeras obras literárias estão ambientadas no passado, mas é difícil recuar mais longe do que o Livro do Gênesis. Mais um passo atrás e se despenca no nada. O gesto verbal "Era uma vez" afasta a fábula do presente e leva a algum vago reino mitológico tão distante que nem parece mais fazer parte da história humana. Evita deliberadamente situar a história num tempo ou lugar específico, assim lhe conferindo uma aura atemporal e universal. Talvez nos sentíssemos menos arrebatados por "Chapeuzinho Vermelho" se a história nos informasse que Chapeuzinho Vermelho era formada em Berkeley ou que o Lobo havia passado algum tempo numa prisão de Bangcoc. "Era uma vez" avisa ao leitor que não faça certas perguntas, como "É verdade?", "Onde aconteceu?", "Foi antes ou depois de inventarem os sucrilhos?".

Analogamente, a fórmula "No princípio" nos instrui a não perguntar quando se deu aquele fato, visto que ela significa, entre outras coisas, "No princípio dos tempos", e é difícil ver como o próprio tempo poderia ter começado num determinado tempo. Fica complicado imaginar o universo sendo criado às 15h17 em ponto de uma quarta-feira. Da mesma forma, é estranho dizer, como às vezes as pessoas dizem, que a eternidade vai começar quando elas morrerem. A eternidade não pode começar. As pessoas talvez possam passar do tempo para a eternidade, mas isso não seria um acontecimento na eternidade. Não existem acontecimentos na eternidade.

Há um problema, porém, nessa magnífica linha inicial, que nos diz que no princípio Deus criou o universo. Como poderia não ter criado? Não pode ter criado só pela metade. Dizer que algo foi criado no princípio é dizer que esse algo se originou na origem. É uma espécie de tautologia. Assim, as duas primeiras palavras da Bíblia poderiam ser eliminadas sem muita perda de sentido. Talvez o escritor imaginasse que o tempo começava num certo ponto e, quando começou, Deus criou o universo. Mas hoje sabemos que não há tempo sem universo. Tempo e universo vieram a existir simultaneamente.

O Livro do Gênesis vê o ato divino da criação como extrair ordem do caos. De início, as coisas eram escuras e vazias, mas então Deus lhes deu forma e substância. Nesse sentido, a história inverte a sequência usual de uma narrativa. Inúmeras narrativas começam com alguma aparência de ordem, que depois é perturbada de alguma maneira. Se não houvesse nenhum abalo ou deslocamento, a história nunca decolaria. Sem a chegada do sr. Darcy, Elizabeth Bennet, em *Orgulho e preconceito*, de Jane Austen, poderia ter ficado solteira para sempre. Oliver Twist nunca encontraria Fagin se não tivesse pedido um pouco mais*, e Hamlet poderia ter chegado a um fim menos infeliz se tivesse continuado os estudos em Wittenberg.

Existe outra frase de abertura na Bíblia que rivaliza em esplendor retórico com o primeiro verso do Gênesis. Está no começo do Evangelho de São João: "No princípio estava o Verbo, e o Verbo estava com Deus, e o Verbo era Deus". "No princípio estava o Verbo"** é uma referência à segunda pessoa da Trindade; mas, como ela aparece no início de uma passagem em prosa, é impossível deixar de tomá-la igualmente como princípio, o qual é também uma questão de verbo, de palavra. São primeiras palavras sobre a primeira Palavra. Como no primeiro verso do Gênesis, o texto e aquilo de que fala o texto parecem se espelhar por um instante. Note-se o efeito dramático da sintaxe. A frase é um exemplo daquilo que se conhece tecnicamente como parataxe, em que o escritor alinhava as orações sem indicar o tipo de coordenação ou subordinação entre elas. (Encontramos esse recurso em muitos textos americanos sub-hemingwayanos: "Ele passou o bar de Rico, virou para a praça, viu que ainda havia alguns perdidos que tinham sobrado do carnaval, sentiu ainda o gosto ácido do uísque da noite anterior..."). A parataxe apresenta

---

* "Por favor, senhor, quero um pouco mais", a famosa frase de Oliver Twist no orfanato, pedindo que lhe sirvam mais mingau, a qual desencadeia o desenrolar da história. (N.T.)

** Variadamente traduzido como "No princípio era o Verbo", "No princípio foi o Verbo". (N.T.)

o risco de certa platitude, nivelando as orações de uma frase, do que resulta pouca variação de tom. As palavras do evangelista, porém, evitam essa monotonia apresentando-se como narrativa curta, que nos deixa ansiosos em saber o que vem em seguida.

Como em todas as boas narrativas, há uma surpresa reservada a nós. Ficamos sabendo que o Verbo estava no princípio, e então que ele estava com Deus, e aí, de modo muito inesperado, que o Verbo *era* Deus. É mais ou menos como o efeito desconcertante de "José estava com seu tio, e José era seu tio". Como o Verbo pode estar com Deus e também ser Deus? Tal como no caso das bruxas de Macbeth, somos apresentados a um paradoxo de diferença e identidade. No princípio estava o paradoxo, o impensável, aquilo que derrota a linguagem – o que significa que esse Verbo específico está além da apreensão de palavras meramente humanas. A surpresa é reforçada pela sintaxe. As orações "No princípio estava o Verbo" e "o Verbo estava com Deus" têm a mesma extensão (cinco palavras cada) e o mesmo tipo de padrão rítmico; assim, provavelmente esperaremos outra oração semelhante para lhes dar equilíbrio – digamos, "o Verbo brilhou como verdade". Em vez disso, recebemos o abrupto "o Verbo era Deus". É como se a linha sacrificasse seu equilíbrio rítmico à força dessa revelação. As duas primeiras orações fluentes desembocam num anúncio conciso, direto, enfático, que parece não aceitar discussão. Em termos sintáticos, a frase termina com uma espécie de abandono, frustrando nossa expectativa de algum floreio retórico final. Em termos semânticos (sendo a semântica referente a questões de significado), porém, sua conclusão condensa uma tremenda energia.

Uma das frases iniciais mais famosas da literatura inglesa é: "É uma verdade universalmente reconhecida que um solteiro na posse de uma boa fortuna deve estar na necessidade de uma esposa". Esta, a primeira frase de *Orgulho e preconceito*, de Jane Austen, geralmente é vista como uma pequena obra-prima de ironia, embora a ironia não chegue a saltar propriamente da página. Ela está na diferença entre o que é dito – que todos concordam que os ricos precisam se casar – e o que significa em termos simples e diretos, a saber, que esse postulado é encontrado basicamente entre mulheres solteiras à procura de um marido abastado. Numa inversão irônica, o desejo que a frase atribui aos celibatários ricos é, na verdade, o que sentem as solteiras necessitadas.

A necessidade de esposa por parte de um solteiro rico é apresentada como verdade universal, soando tão incontestável como um teorema geométrico. É enunciada quase como um fato da Natureza. Se é realmente um fato da Natureza, então não há por que censurar as solteiras se elas se atiram à frente, como potenciais companheiras desses homens. É como o mundo funciona, só isso. Elas estão meramente respondendo às necessidades dos solteiros prósperos. Assim, as palavras escrupulosamente diplomáticas de Austen exoneram as jovens solteiras e suas mães ansiosas da acusação de ganância ou de desejo de ascensão social. Estendem um véu de decoro sobre esses motivos indecorosos. Mas a frase também nos permite ver isso, e é aí que transparece a ironia. Sugere que as pessoas se sentem melhor com seus desejos mais indignos quando podem racionalizá-los como parte da ordem natural das coisas. É divertido vê-las se emaranhando nessa má-fé. A linguagem da frase, abstrata, belamente compassada e levemente seca à maneira habitual de Austen, precisa dessa leve ironia para adquirir alguma vivacidade. Um sinal de que não se trata de inglês moderno está na vírgula depois de "reconhecida" [acknowledged], que não seria considerada necessária num texto moderno ["*It is a truth universally acknowledged, that a single man...*"].

A ironia de Austen pode ser ríspida e aguçada, bem como alguns de seus juízos morais. Não são muitos os autores que sugeririam, como faz ela em *Persuasão*, que seria melhor se um dos personagens nunca tivesse nascido. Difícil ser mais ríspido do que isso. Em contraste, a ironia que abre *Orgulho e preconceito* é amena e agradável, como a que vem contida nos primeiros versos do Prólogo de Geoffrey Chaucer a seus *Contos da Cantuária*:

Quando com suaves chuvas abril
Cortou a secura de março pela raiz
E todos os veios banhou com o licor
De cuja virtude se engendra a flor;
Quando Zéfiro com seu doce sopro
Instilou em todo bosque e charneca
Os tenros brotos, e o astro solar
Em Áries a meio cumpriu seu andar,
E cantam melodias as pequeninas aves
Que de noite dormem de olhos abertos –
Tanto lhes atiça a Natureza a disposição –
Então anseiam as gentes sair em peregrinação...

Quando a primavera renova a terra, homens e mulheres sentem a mesma seiva se agitando no sangue, o que faz parte daquilo que os inspira a sair em peregrinação. Há uma afinidade secreta entre os ciclos benéficos da Natureza e o espírito humano. Mas as pessoas também peregrinam na primavera porque o tempo costuma ser bom. Talvez se sentissem menos dispostas a fazer toda a rota até a Cantuária em pleno rigor do inverno. Chaucer inicia seu grande poema, portanto, rendendo homenagem à humanidade ao mesmo tempo em que a apequena satiricamente. As pessoas saem em peregrinação porque são moralmente frágeis, e um dos sinais dessa fragilidade é que preferem viajar numa época do ano em que não congelarão até os ossos.

Se a primeira frase de *Orgulho e preconceito* é antológica, há também algumas primeiras palavras igualmente célebres na literatura americana: "Chame-me Ismael". (Houve quem sugerisse a modernização dessa frase com o mero acréscimo de uma vírgula: "Chame-me, Ismael".) Essa lacônica frase de abertura de *Moby Dick*, de Melville, dificilmente é uma amostra do que virá pela frente, visto que o romance é famoso pelo estilo literário ornamentado e grandiloquente. A frase também é de uma branda ironia, visto que apenas um personagem em todo o romance chega a chamar o narrador de Ismael. Então por que ele convida o leitor a chamá-lo assim? Porque é seu verdadeiro nome ou por causa das conotações simbólicas do nome? O Ismael bíblico, filho de Abraão com sua criada egípcia Hagar, era um exilado, pária e andarilho. Então talvez Ismael seja um pseudônimo adequado para esse calejado viajante do alto-mar. Ou será porque o narrador quer nos esconder seu verdadeiro nome? Nesse caso, por quê? Seu caráter aparentemente aberto (ele começa nos convidando a tratá-lo pelo primeiro nome, se de fato for um primeiro nome) encobrirá um mistério?

Quem se chama Maria não costuma dizer "Chame-me Maria". Ela diz: "Meu nome é Maria" ou "Eu me chamo Maria". Quando se diz "Chame-me X", geralmente é um convite para chamarem a pessoa por um apelido, como em "Meu nome é Algernon Digby-Stuart, mas pode me chamar de Lulu". Normalmente se faz isso para ficar mais prático para os outros. Ficaria estranho dizer "Meu verdadeiro nome é Doris, mas pode me chamar de Quentin Clarence Esterhazy Terceiro". "Ismael", porém, não parece muito um apelido. Então, supõe-se que seja o nome real do narrador ou um pseudônimo que ele escolheu para indicar sua condição de pária errante. Se for esse o caso, então ele está nos ocultando seu verdadeiro nome, e isso no mesmo exato momento em que parece mais íntimo e convidativo. O fato de que o mundo ocidental não está propriamente abarrotado até o teto de gente chamada Ismael, ao contrário das pessoas que se chamam Doris, parece confirmar essa hipótese.

"Chame-me Ismael" é uma mensagem ao leitor e, como todas as mensagens assim, logo entrega o jogo. O mero fato de reconhecer a presença de um leitor é confessar que se trata de um romance, coisa que os romances realistas geralmente relutam em fazer. Costumam fingir que não são romances, e sim relatos verídicos. Reconhecer a existência do leitor é correr o risco de estragar sua aparência de realidade. Se *Moby Dick* é ou não uma obra irrestritamente realista são outros quinhentos; de todo modo, é realista durante tempo suficiente para que esse lance de abertura destoe do conjunto da obra. Quando um romancista escreve "Caro leitor, tenha piedade desse médico rural que não passa de um pobre tolo desajeitado", ele está implicitamente admitindo na expressão "Caro leitor" que não existe nenhum médico rural, desajeitado ou não – está admitindo que se trata de uma peça de artifício verbal, e não um naco da vida no campo. Nesse caso, provavelmente estaremos menos propensos a sentir piedade pelo médico atoleimado do que sentiríamos se soubéssemos ou supuséssemos que ele era real. (Alguns teóricos literários, aliás, afirmam que não é possível sentir realmente piedade, admiração, medo ou repulsa por um personagem de ficção e que essas emoções são sentidas apenas "ficcionalmente". As pessoas que se agarram brancas de medo enquanto assistem a algum filme de horror estão ficcionalmente, não genuinamente, assustadas. Essa também é outra questão.)

Como "Ismael" parece um nome mais literário do que real, pode ser mais um sinal de que estamos diante de uma ficção. Por outro lado, o nome pode parecer fictício por se tratar não do nome real, e sim de um pseudônimo do narrador. Talvez ele se chame, na verdade, Zé das Couves e tenha escolhido o outro título, mais exótico, como forma de compensação. Se não se chama mesmo Ismael, o leitor pode se indagar qual seria seu nome verdadeiro. Mas, se não nos dizem o nome verdadeiro, então ele não o tem. Não é que Melville o esteja escondendo. Não se pode esconder o que não existe. A única coisa que existe de Ismael como personagem é um conjunto de sinais pretos numa página. Não faria sentido, por exemplo, dizer que ele tem uma cicatriz na testa e que o romance deixou de mencioná-la. Se o romance não a menciona, então ela não existe. Uma obra de ficção pode nos contar que um dos personagens está ocultando seu verdadeiro nome sob um pseudônimo; mas, mesmo que realmente nos apresentasse o nome, continuaria a ser parte da ficção, tanto quanto o próprio pseudônimo. O último romance de Charles Dickens, *O mistério de Edwin Drood*, traz um personagem que está visivelmente disfarçado e pode muito bem ser alguém que já encontramos em outra parte do livro. Mas, como Dickens morreu antes de concluir a obra, nunca conheceremos o rosto oculto sob esse disfarce. É verdade que há alguém por trás do disfarce, mas não alguém em particular.

***

Voltemos mais uma vez à poesia, pegando o início de seis poemas muito conhecidos. O primeiro é o verso de abertura de "Ao outono", de John Keats: "Estação de brumas e macio frutificar" ["*Season of mists and mellow fruitfulness*"]. O que chama a atenção no verso é a opulência de sua textura sonora. É meticulosamente orquestrada como um acorde sinfônico, cheia de sussurrantes *ss* e *ms* murmurantes. Tudo é sibilante e melífluo, quase sem consoantes duras ou cortantes. Os *fs* de "frutificar" talvez pareçam exceção, mas são abrandados pelo *r*, pronunciado junto com o primeiro deles. Aqui há uma rica tapeçaria de sons, repleta de paralelismos e variações sutis. O *m* de "brumas" se reflete no *m* de "macio", o *d* em "de" ecoa levemente no *t* de "frutificar", os *ss* de "estação" e "brumas" ressoam em "macio", enquanto a variação de sílabas átonas e tônicas do *a* forma um complexo desenho de identidade e diferença.

A pura e simples densidade do verso também prende o olhar. Ele consegue encerrar o máximo possível de sílabas sem se tornar enfastiante ou meloso. Essa riqueza sensual pretende evocar a madurez do outono, de modo que a linguagem parece se integrar àquilo de que fala. O verso é recheado de significado, e assim não admira que o poema passe a falar do outono precisamente nestes termos:

> *Vergar de maçãs as árvores musgosas*
> *E encher os frutos de madurez completa;*
> *Engordar a bolota e inchar a casca da avelã*

Inícios

Com uma doce noz; pôr a se abrirem mais,
E ainda mais, flores tardias para as abelhas,
Até pensarem que os dias quentes não terão fim
Pois o Verão fez transbordar seus favos viscosos

Talvez o poema, mesmo sem perceber, esteja falando de si mesmo no ato de representar a figura do Outono. Evita ser viscoso e transbordante, embora esteja preparado para correr esse risco. Como o outono, equilibra-se num ponto em que a maturidade possa se converter num excesso opressivo (do crescimento no caso do outono; da linguagem no caso do poema). Mas recua desse excesso desagradável, impedido por alguma restrição interna.

Um autor inglês posterior, Philip Larkin, também discorre sobre o crescimento natural em seu poema "As árvores":

As árvores estão soltando folhas
Como algo a ponto de se dizer...

É um tipo de imagem audaciosamente frontal para Larkin, usualmente contido. Mostra as folhas brotando como palavras prestes a serem ditas. Mas, em certo sentido, a imagem anula a si mesma. Quando as árvores acabarem de se enfolhar, a imagem não se sustentará mais. Não que as árvores agora estejam murmurando e depois passarão a gritar. Podemos pensar numa afinidade entre a árvore forcejando para soltar um broto e alguém tentando dizer alguma coisa. Mas não conseguiríamos muito imaginar uma árvore totalmente enfolhada como uma frase enunciada. Assim, a analogia é verdadeira agora, mas depois, quando o processo se completar, ela deixará de se aplicar. Um dos aspectos marcantes dos versos é que eles nos permitem enxergar uma árvore, com seu desenho de folhas, vergônteas e galhos, como imagem visual das raízes invisíveis da linguagem. É como se os processos por trás da nossa fala fossem radiografados, materializados, projetados em termos visuais.

Um poema ainda mais famoso de Larkin, "Os casamentos de Pentecostes", começa assim:

Naquele Pentecostes, me atrasei:
Foi só então
À uma e vinte, sábado de sol-rei,
Três quartos vazio saiu meu vagão...

O primeiro verso, um pentâmetro iâmbico, é deliberadamente simples, informal e coloquial. Se alguém topasse com ele fora de contexto, não imaginaria que faz parte de um poema. Como que ciente disso, porém, o poema logo revida. "Foi só então" é um verso pela metade, onde esperaríamos um pentâmetro completo. É um manejo hábil e inesperado da métrica, que avisa: "É, é poesia, sim; mesmo que, uns segundos atrás, você achasse que não". O que mais, nos versos, insinua isso? As rimas, que contrariam o tom estudadamente corriqueiro da linguagem e lhe conferem uma forma circunspecta. Isso é arte, afinal, mesmo que queira em parte eliminar o fato. O inglês discreto de classe média não exibe sua perícia como um esteta dândi parisiense, assim como não se gaba de seu saldo bancário nem de suas proezas sexuais.

Os críticos sempre estão à caça de ambiguidades, e há uma notável no primeiro verso de um poema de Emily Dickinson: "Minha vida findou duas vezes antes do seu fim" [*My life closed twice before it's close*]. Dickinson escreve "*it's*" – "apóstrofe de quitandeiro", como diríamos hoje – em vez de *its* porque sua ortografia era um pouco capenga. Também escrevia *opon* em vez de *upon*. Sempre é um consolo descobrir que os grandes escritores às vezes também erram como nós. Uma vez, W.B. Yeats não conseguiu um cargo acadêmico em Dublin porque escreveu errado a palavra "professor" na ficha de inscrição.

Os tempos verbais podem pregar umas peças interessantes. O verso de Dickinson provavelmente significa algo como: "Antes de morrer, terei tido duas experiências tão dolorosas e devastadoras que poderão se comparar à própria morte". Mas como ela sabe que serão apenas duas, se ainda não morreu? O verbo da frase ("findou") está no passado porque esses dois momentos de perda já ocorreram; mas o efeito gerado é como se a morte da poetisa também já tivesse ocorrido. Ficaria meio tosco demais escrever "Antes que minha vida termine, já terá terminado duas vezes", embora seja provavelmente esse o sentido do verso. Assim, tem-se a curiosa sensação de que Dickinson nos fala do túmulo. Se ela sabe que houve apenas duas mortes metafóricas em sua vida, então precisa já estar morta ou, pelo menos, no leito de morte. Os mortos são aqueles a quem nada mais pode acontecer. Estão totalmente libertados do acontecer. No entanto, escrever e estar morto são incompatíveis. Assim, Dickinson não pode estar morta, embora escreva como se estivesse.

Outro início desconcertante na literatura americana são os magníficos versos iniciais de "O cemitério quacre em Nantucket", poema de Robert Lowell:

Num salobro trecho de baixio diante de Madaket
O mar ainda quebrava violento, e a noite
Enfumara nossa Frota do Atlântico Norte,
Quando o marujo afogado a rede agarrou. Luz
Rebrilhando na grenha e nos pés marmóreos,
À rede prendeu-se
Com os músculos dobrados, torcidos das coxas...

O primeiro verso enche a boca de uma maneira extraordinária. Ler em voz alta, com as vogais ásperas e as consoantes penetrantes, é como mastigar um pedaço de carne. O nome do local, "Madaket", é perfeito para a linguagem áspera e vigorosa do trecho. É o tipo de linguagem que reflete o meio físico bruto que está descrevendo. "O mar ainda quebrava violento, e a noite" seria um pentâmetro iâmbico bastante regular se não fosse pela palavra "ainda", que embaralha o padrão métrico. Mas o poema não quer suavidade nem simetria, como também fica claro na sintaxe:

O mar ainda quebrava violento, e a noite
Enfumara nossa Frota do Atlântico Norte,
Quando o marujo afogado a rede agarrou. Luz
Rebrilhando na grenha e nos pés marmóreos,

O verso quebra com a violência do oceano. Num lance ousado, o terceiro verso termina uma frase e começa outra com apenas uma palavra. Digo "apenas uma palavra" porque a métrica determina que o verso pode se estender por apenas mais um monossílabo. Assim, Lowell mostra audácia ao começar uma frase nova com a abrupta palavra "Luz" no momento em que o verso está se acabando. Em decorrência disso, temos um ponto depois de "agarrou", que marca uma pausa breve, mas completa; então "Luz", e aí temos de fazer outra pausa, agora parcial, deixando a palavra "Luz" suspensa ali sozinha, quando topamos com o final do verso e nosso olhar desce na diagonal até o começo do verso seguinte. A métrica e a sintaxe entram num embate que produz alguns efeitos dramáticos memoráveis.

Também podemos notar a curiosa inversão em "noite/ Enfumara nossa Frota do Atlântico Norte". Seria mais convencional dizer que a esquadra estava enfumaçando a noite; aqui, a própria noite fica parecendo um navio, talvez a ponto de causar uma colisão. (Há inversões semelhantes em Shakespeare: "Seus lábios covardes fugiram de sua cor", por exemplo, imagem de *Júlio César* que é realmente cerebral e forçada demais para convencer.) "Torcidos" em "músculos dobrados, torcidos" provavelmente significa "como os de um praticante de corrida de obstáculos". Mas também poderia se aplicar à linguagem compacta, densa, dura, nodosa do próprio poema.

Os inícios literários nem sempre são o que parecem. Tomem-se, por exemplo, os grandiosos versos de abertura de

Inícios

Lícidas, de John Milton, poema escrito em memória de seu colega Edward King, que se afogou no mar e é o Lícidas do texto:

> *E mais uma vez, ó louros, e mais uma vez*
> *Ó mirtos castanhos, de folhagem perene,*
> *Venho-vos arrancar bagas ácidas e verdes,*
> *E com dedos rudes e forçados*
> *Rasgar vossas folhas antes da estação madura.*
> *Amarga coerção e triste ocasião custosa*
> *Obrigam-me a perturbar vossa devida sazão;*
> *Pois Lícidas morreu, morreu antes do tempo,*
> *Jovem Lícidas, e não deixou igual seu:*
> *Quem não cantaria por Lícidas? Sabia ele*
> *Mesmo cantar e edificar a rima grandiosa.*
> *Não deve partir sem fundo lamento*
> *Em seu aquoso ataúde e à crestante lufada se agitar*
> *Sem o galardão de um melodioso prantear.*

O nome "Lícidas" percorre esses versos num dobre doloroso, como um sino fúnebre. De fato, as palavras iniciais ecoam e se repetem: "E mais uma vez... e mais uma vez", "morreu, morreu antes do tempo", "Quem não cantaria... Sabia ele mesmo cantar". Isso gera um efeito ritual ou cerimonial muito apropriado a um poema que é mais uma declamação pública do que um sofrido lamento, vindo do fundo do coração. Milton provavelmente não conhecia King muito bem e não há razão para supor que sentisse qualquer grande pesar por sua morte prematura. Em todo caso, King era monarquista, ao passo que Milton viria a ser vigoroso defensor da execução de Carlos I. O finado também estava estudando para se tornar clérigo, enquanto *Lícidas* desfere um violento ataque contra a igreja estabelecida, iniciativa perigosa naquela época. Decerto foi por isso que Milton assinou o poema apenas com suas iniciais.

Na verdade, à sua maneira codificada, esses versos fúnebres podem expressar, além de melancolia, uma certa relutância cansada. Quando Milton diz que precisa colher as bagas ainda verdes do louro e do mirto, emblemas do poeta, está dizendo que, para compor essa elegia, ele foi obrigado a interromper seus preparativos espirituais para se tornar grande poeta. É por isso que os dedos colhem as bagas forçados, não livres. É por isso também que são rudes, no sentido de ainda não terem perícia suficiente para escrever. Na verdade, o equilíbrio e a autoridade dos versos que afirmam tal coisa são mais do que suficientes para provar o contrário. Longe de serem grosseiros, são materiais altamente sofisticados. A obrigação lhe parece tão pesada que, nos versos, é como se lhe fosse imposta duas vezes, quando a "amarga coerção" o "obriga" a tomar da pena. A "triste ocasião custosa" é, evidentemente, a morte de King, mas o leitor se pergunta se Milton não estaria também pensando em sua irritação em ter de abandonar sua hibernação espiritual para ir homenagear um colega. É como se tentasse transformar um resmungo num tributo.

Há um paralelo entre a morte prematura de King e o caráter prematuro do próprio poema, apontado pelas "bagas ácidas e verdes". Milton está tendo de moldar seu lamento com materiais ainda não maduros. É como se projetasse no louro e no mirto sua sensação de ainda estar verde como poeta. Talvez não tivesse escrito essa obra-prima se não sentisse que precisava fazê-lo. É uma questão de obrigação, não de espontaneidade. A essa luz, "Quem não cantaria por Lícidas?" é de uma solene insinceridade. Uma resposta franca poderia ser, por exemplo: John Milton. E seria mesmo verdade que King, que dificilmente pode ser considerado o maior bardo do cristianismo, era sem igual na poesia? Aqui de novo: e John Milton? Essas afirmativas são apenas hipérboles convencionais. Não se espera que sejam tomadas como demonstrações de fervorosa sinceridade. Bom, é verdade que "Não deve partir sem fundo lamento/ Em seu aquoso ataúde e à crestante lufada se agitar" soa bastante terno. (Num lance ousado, esses versos se saem com nada menos que quatro sons em *u* sem parecer excessivo.) Mas também pode sugerir, com bem menos ternura, que, se alguém tem de prantear King, então é melhor que seja o próprio Milton.

A imagem do ataúde aquoso, aliás, é de força extraordinária. Como apontam os críticos, ela evoca a terrível visão de um homem que as águas jogam de um lado e outro, e ainda assim está morrendo de sede ("crestante lufada"). O "melodioso prantear", imagem bastante ousada, já que lágrimas não cantarolam nem tocam flauta, se refere a prantear Lícidas, oferecendo-lhe um poema, mas também a lhe dar água. Há algo ligeiramente estranho nesse último sentido, visto que a falta de água costuma ser o último dos problemas de um afogado. "Galardão" aqui significa um tributo, mas também pode ser uma recompensa, o que sugere de modo bastante estranho que o poema é ofertado a King como recompensa por ter morrido. Supõe-se que é o primeiro sentido que o poeta tem em mente.

A possibilidade de que Milton esteja escrevendo com alguma relutância não faz diferença. Um poeta pode compor um autêntico lamento sem sentir a menor perturbação, assim como é possível escrever sobre o amor sem estar minimamente apaixonado. Os versos de Milton são comoventes, mesmo que o poeta não se sinta comovido. Ou, pelo menos, não com a morte prematura de King. Desconfia-se de que o que o incomoda mais é a perspectiva de ser ele mesmo ceifado antes do tempo, antes de ter ocasião de se tornar o grande poeta que almeja ser. Tanto a morte prematura de King quanto a suposta imaturidade de Milton como poeta são lembretes dessa possibilidade alarmante. Ele também será "arrancado" no final, talvez antes do tempo, tal como agora ele arranca as bagas para prantear a morte fora de estação do colega. Arrancar algo de uma planta é lhe infligir uma espécie de morte, mesmo que seja em nome da arte e, portanto, dos vivos.

Milton escreve *Lícidas* da mesma forma como podemos ir ao enterro de um colega por quem não sentimos nenhuma afeição especial. Não é hipocrisia. Pelo contrário, hipócrita seria simular uma dor que não se sente. Ao comparecer ao funeral de um conhecido, espera-se que tenhamos os sentimentos adequados aos procedimentos da cerimônia em si. Da mesma forma, os sentimentos de Milton nesse poema estão associados a suas estratégias verbais. Não correspondem a uma profunda dor por detrás. Os pós-românticos, como nós, tendem a crer que emoção é uma coisa e convenção é outra. O sentimento genuíno significa abandonar o artificialismo das formas sociais e falar diretamente do coração. Mas provavelmente não é assim que Milton pensaria, nem como muitas culturas não ocidentais pensam hoje.

Tampouco assim pensaria Jane Austen. Para ela, como para os autores neoclássicos em geral, o sentimento autêntico tinha suas formas apropriadas de expressão pública, que eram regradas pela convenção social. Dizer "convenção", termo que literalmente significa "vir junto", é dizer que a maneira como me comporto emocionalmente não é apenas uma questão pessoal. Minhas emoções não são propriedade particular minha, como pode supor uma sociedade mais individualista do que a de Milton ou de Austen. Pelo contrário, em certo sentido eu aprendo minha conduta emocional ao participar de uma cultura comum. Os sírios não pranteiam da mesma maneira que os escoceses. A convenção e o decoro estão profundamente entranhados. Para Austen, decoro não significa apenas comer banana com garfo e faca, mas também se conduzir com respeito e sensibilidade em relação aos outros. A civilidade não se resume a não cuspir na garrafa de xerez. Também significa não ser grosseiro, arrogante, egoísta e presunçoso.

A convenção não sufoca necessariamente o sentimento. Ela pode considerar que certa reação emocional é exagerada demais, mas também que outra é demasiado escassa. A questão sobre se os sentimentos e convenções estão associados ou se opõem-se entre si é objeto de discórdia entre Hamlet e Cláudio no começo da peça de Shakespeare. Hamlet, à sua maneira individualista, sustenta que emoções como a dor não devem levar em conta as formas sociais, enquanto Cláudio é do parecer de que o sentimento e a forma devem manter relações mais próximas. A questão também faz parte das diferenças entre Eleanor e Marianne Dashwood em *Razão e sentimento*, de Jane Austen. A poesia é um bom exemplo para mostrar que forma e sentimento não se opõem necessariamente. A forma pode abafar, mas também realçar o sentimento. *Lícidas* não é a expressão de pesar de Milton pela morte de King. Ou melhor, *é* seu pesar. É o tipo de elegia cerimoniosa, respeitosa, apropriada às circunstâncias. Não é uma questão de insinceridade, assim como não é insincero de minha parte quando cumprimento alguém lhe desejando um bom dia, sendo que estou com preocupações muito mais prementes do que o tipo de manhã que a pessoa vai ter.

***

A peça talvez mais famosa do século XX, *Esperando Godot*, de Samuel Beckett, começa com a seguinte frase desoladora: "Nada a fazer". Quem fala é Estragão, e seu companheiro de profundo tédio e infelicidade sem fim é Vladimir. A figura de mesmo nome mais conhecida do século XX era Vladimir Lênin, que escreveu um ensaio revolucionário chamado *O que fazer?* Pode ser mera coincidência, embora os textos de Beckett não tenham muitas coisas que não sejam meticulosamente estudadas. Se a referência é intencional, então pode ser que a frase tenha ficado com Estragão, e não com Vladimir, para não parecer tão óbvia. Assim, é possível que uma peça de teatro que, ao que geralmente se julga, desdenha a história e a política para retratar uma condição humana atemporal se inicia, na verdade, com uma discreta referência a um dos mais importantes acontecimentos políticos modernos, a Revolução Bolchevique.

De fato, não seria muito surpreendente, visto que Beckett não era de forma alguma um apolítico. Combateu corajosamente na Resistência Francesa durante a Segunda Guerra Mundial e mais tarde foi homenageado por sua bravura pelo governo francês. Em certo momento, ele escapou por um triz de ser apanhado pela Gestapo, junto com a esposa, igualmente intrépida. Um aspecto de sua obra que não é muito universal é o humor, o qual, com gosto pelo anticlímax, a impassível pedanteria, a mordacidade, o veio satírico sombrio e os surreais voos da fantasia, tem uma característica marcadamente irlandesa. Quando um jornalista parisiense perguntou ao dublinense Beckett se era inglês, ele respondeu: "Pelo contrário".

Outra obra em que os traços irlandeses são decisivos é o grande romance de Flann O'Brien, *O terceiro tira*. Começa com estas palavras arrepiantes:

> Não é todo mundo que sabe como matei o velho Phillip Mathers, esmagando sua mandíbula com minha pá; mas primeiro é melhor falar de minha amizade com John Divney porque foi ele que derrubou primeiro o velho Mathers dando um golpe violento no pescoço dele com uma bomba de bicicleta especial que ele mesmo tinha feito com uma barra de ferro oca. Divney era um civil forte mas vadio e preguiçoso. Foi ele pessoalmente responsável por toda a ideia em primeiro lugar. Foi ele quem me falou para trazer minha pá. Foi ele quem deu as ordens na ocasião e também as explicações quando foram solicitadas.
> Nasci muito tempo atrás. Meu pai era um agricultor forte e minha mãe tinha uma taverna...

Se o inglês nessa passagem parece um pouco estranho, talvez seja em parte porque O'Brien falava fluentemente irlandês e escreveu parte de sua obra em irlandês. Assim, aqui ele não está propriamente escrevendo em sua língua materna, embora falasse inglês pelo menos tão bem quanto Winston Churchill. O hiberno-inglês, como é chamado o tipo de inglês que se fala na Irlanda, às vezes dá um fraseio incomum ao inglês padrão e, por isso, é um recurso muito fecundo para gerar efeitos literários. O nome "Mathers", por exemplo, em irlandês se pronuncia "Ma-hers", pois o "th" irlandês funciona diferente do inglês. "Nasci muito tempo atrás" é uma maneira incomum de dizer "Sou velho", e é uma magnífica melhoria, aliás. Em "agricultor forte", o adjetivo "forte" na Irlanda não significa robusto, mas dono de grande extensão de terra.

A linguagem dessas linhas está o mais distante possível do início de *Uma passagem para a Índia*. A prosa de Forster é suave e civilizada, enquanto a de O'Brien é, na aparência, inábil e desajeitada. Ela tem certa brutalidade, tal como os personagens que apresenta. A primeira frase, longa e sinuosa, que se estende por várias linhas, é um bom exemplo. Ela traz vários segmentos distintos, mas apenas dois sinais de pontuação, o que gera o efeito de um narrador resmungando ou murmurando seus pensamentos aleatórios. Digo "aleatórios" porque há algo de estranhamente gratuito numa frase como "Divney era um civil forte mas vadio e preguiçoso". O fato de ser vadio e preguiçoso não parece ter muita relação com o assunto em pauta. Na verdade, nesse trecho ele parece ser um sujeito razoavelmente dinâmico e bem organizado, e assim o comentário depreciativo do narrador talvez seja imerecido. Supomos, aliás, que o narrador é um homem, em parte porque é mais frequente que os assassinatos sejam cometidos por homens e não por mulheres; em parte porque, quando as mulheres matam, é pouco provável que esmaguem a mandíbula da vítima com uma pá; em parte porque o narrador e Divney parecem dois velhos camaradas. Autores homens também costumam preferir narradores homens. Mas tudo isso pode ser mera hipótese.

Esse tipo de inabilidade requer grande habilidade. A prosa de O'Brien parece um material bruto, não trabalhado, mas o parágrafo inteiro é meticulosamente montado para ter o máximo impacto dramático. Note-se, por exemplo, como se reforça o efeito da confissão inicial ("Não é todo mundo que sabe como matei o velho Phillip Mathers") por vir moldada no negativo. (Aliás, a obra trata muito da negatividade, de modo que vem bem a calhar que a primeira palavra seja um "Não".) Num início como "Matei o velho Phillip Mathers", faltaria o surpreendente ar de improviso da frase inicial, que em parte é enfraquecida porque o narrador nos informa que matou Mathers enquanto está concentrado em outra coisa (no fato de que nem todo mundo sabe disso). Se é um brusco ataque às sensibilidades do leitor, é também ligeiramente tortuoso. Tão logo o narrador faz sua importante declaração, a frase se desvia bruscamente ("mas primeiro é melhor falar de minha amizade com John Divney"). Essa também é uma maneira habilidosa de intensificar a força do anúncio de abertura. O narrador deixa o leitor na curiosidade e passa calmamente para outro tema, como se não percebesse como foi abaladora a revelação que acabou de fazer. Há, diga-se de passagem, algo levemente estranho na frase "Não é todo mundo que sabe como matei o velho Phillip Mathers". "Não é todo mundo" sugere indiretamente que várias pessoas sabem, o que indica que o assassinato é, em certa medida, de conhecimento público.

O que o narrador faz a seguir é se justificar. Acaba de confessar que esmagou a mandíbula de Mathers e já passa a pôr a culpa em Divney, que supostamente deu a primeira pancada e foi "pessoalmente responsável por toda a ideia em primeiro lugar". O narrador, que se mantém anônimo ao longo de toda a história, parece esperar que, depois de passarmos de "Foi ele quem me falou para trazer minha pá" até chegarmos a "as explicações quando foram solicitadas", teremos esquecido que ele acabara de se definir como assassino. Há um certo humor macabro nessa guinada, assim como na frágil tentativa de se justificar com "Foi ele quem me falou para trazer minha pá". É difícil imaginar um júri inclinando-se para a clemência por causa dessa informação. Também há algo engraçado na vagueza da frase "e também as explicações quando foram solicitadas".

Que explicações? Explicações ao narrador sobre as razões de estarem matando Mathers (ele já não sabia?), explicações sobre o procedimento adotado na operação, explicações já prontas se o ato fosse descoberto?

O absurdo é uma modalidade literária irlandesa bastante conhecida, e há uma boa dose de absurdo nessas sentenças despojadas. Por que Divney mata o velho Mathers com uma bomba de ar de bicicleta, a mais improvável das armas? (O romance é verdadeiramente obcecado por bicicletas.) Até que ponto seria fácil fazer uma bomba de bicicleta com uma barra de ferro oca, e por que, para começo de conversa, Divney fez uma? A bicicleta era um meio de transporte muito comum na Irlanda daquela época, de modo que não deviam faltar bombas de ar. O narrador certamente não quer dizer que Divney transformou a barra numa bomba de ar com a finalidade expressa de usá-la para espancar Mathers, embora não se possa excluir totalmente essa possibilidade maluca. Por que não usar então a própria barra? É muito mais provável que Divney tenha adaptado a barra algum tempo antes, mas ainda assim gostaríamos de saber a razão. Por que o narrador não derrubou a vítima com a pá e depois lhe deu o golpe mortal, em vez de Divney golpear primeiro e depois o narrador? Será que a história implausível da bomba de ar é apenas uma maneira desajeitada de transferir a culpa para Divney, o qual, na verdade, nem teria participado do crime? Essa hipótese, pelo menos, podemos excluir, pois, continuando a leitura, descobriremos que Divney de fato usou sua bomba de ar para derrubar Mathers. (Nisso, por acaso, o narrador entreouve o velho "dizer algo baixinho em tom de conversa" quando cai no chão, palavras que soam como "não gosto de salsão" ou "deixei os óculos no balcão".)

O início de *O terceiro tira* prende muito, mas é difícil imaginar uma frase inicial que prenda mais do que a de *Poderes terrenos*, romance de Anthony Burgess: "Era a tarde de meu 81º aniversário e eu estava na cama com meu catamita, quando Ali anunciou que o arcebispo tinha vindo me ver". (Catamita é o efebo amante de um homem.) Numa única frase, o romance monta uma cena deliciosamente escandalosa: um velho de 81 anos na cama com um rapazinho, porém distinto e respeitável a ponto de ter um criado (é o que supomos ser Ali) e merecer a visita de um arcebispo. É também cultivado o suficiente para usar a palavra "catamita", que não se ouve com muita frequência na Fox TV. O fato de não parecer minimamente constrangido com a situação talvez sugira uma fleuma inglesa. Uma das proezas da frase é a forma direta e concisa de fornecer de uma vez só ao leitor todas essas informações, sem a menor impressão de verborragia. Como Ali é um nome estrangeiro, também podemos supor que estamos em algum local compativelmente exótico no exterior. Faz parte do estereótipo ocidental sobre o Oriente supor que lá se encontra uma oferta de catamitas maior do que em Leeds ou Long Island. E talvez desconfiemos de que o narrador é algum funcionário colonial, aproveitando ilicitamente os prazeres locais.

Logo ficaremos sabendo que, de fato, ele é um escritor de renome. Com efeito, inspira-se no autor inglês W. Somerset Maugham, que certa vez foi descrito como "um dos imponentes gays da Inglaterra". Essa frase de abertura é uma paródia maliciosa do estilo de Maugham – embora, como sugeriu um crítico, de qualidade superior a qualquer coisa que Maugham conseguiu produzir pessoalmente. A cópia supera o original, assim como a palavra "Viena" é mais poética do que "Wien". Assim, é de se entender que a primeira frase do romance foi escrita por um romancista, o que nos dá uma pista para todo o caso. O narrador tenta vir com o tipo de abertura literária capaz de superar todas as outras por puro sensacionalismo. Assim, em certo sentido, essa declaração inicial remete secretamente a si mesma.

Mas uma parte da brincadeira é que ela não se pretende inventada apenas para efeitos literários (embora, claro, tenha sido inventada – por Anthony Burgess). Espera-se que o leitor a tome como relato de uma situação efetiva. Isso significa que o narrador, escritor de romances, também leva o tipo de vida pitorescamente dissipada que só se vê em romances. É aqui que o jogo entre ficção e realidade se torna realmente vertiginoso. O narrador, que é um romancista, se comporta como um personagem de romance – o que, aliás, é exatamente o que ele é. No entanto, embora seja uma figura de ficção, ele é baseado num indivíduo real. Todavia, o autor em que é baseado (Somerset Maugham) parecia a muitos uma figura levemente irreal. A essa altura, o leitor pode cair tonto na cama, com ou sem catamitas.

Não há praticamente nenhuma palavra nessa primeira frase indecorosa que não pretenda espantar o leitor. Na frase inicial de *1984*, de George Orwell, pelo contrário, apenas uma palavra se destina a isso:

> Era um dia frio e claro de abril, e os relógios batiam as treze. Winston Smith, com o queixo enterrado no peito para tentar escapar ao vento pérfido, enfiou-se depressa pelas portas envidraçadas das Mansões Vitória, mas não tão depressa para impedir que um torvelinho de areia poeirenta entrasse junto com ele.

A primeira frase ganha efeito ao inserir cuidadosamente o número "treze"* numa descrição que, afora isso, nada teria de notável, assim indicando que a cena se passa em alguma civilização desconhecida ou no futuro. Algumas coisas não mudaram (o mês ainda se chama abril, os ventos ainda podem ser cortantes),

---

* A questão é que os relógios, até décadas recentes e mesmo até hoje, não batem as treze. O sistema horário tradicional é de doze horas, e os mecanismos de relógio, depois das doze batidas, retomam o ciclo a partir do zero. Em inglês, distingue-se o horário pelo uso de *a.m.* (*ante meridiam*, "antes do meio-dia") e *p.m.* (*post meridiam*, "depois do meio-dia"). Daí a estranheza apontada por Eagleton. Aliás, e por extensão, a expressão *the thirteenth stroke of the clock* designa, em matéria judicial, uma declaração flagrantemente impossível de uma das partes, acarretando o descrédito de todas as suas declarações anteriores – com isso, Orwell também sugere que todas as declarações do Estado devem ser postas em dúvida, pela perda de credibilidade indicada pela décima terceira batida. (N.T.)

mas outras mudaram, e o efeito da frase decorre, em parte, dessa justaposição do comum e do desconhecido. Muitos leitores que abrem o romance de Orwell já sabem que ele se passa no futuro, embora seja o futuro do autor e não o nosso. Mas dá para sentir que o estranho bater dos relógios é um pouco *voulu* demais, termo que em francês significa "desejado" e se usa para descrever um efeito calculado ou deliberado demais. Talvez esse detalhe esteja colocado de maneira forçada demais. "Isso é ficção científica", brada-se em volume exagerado.

É um romance distópico (sendo a distopia o contrário da utopia) sobre um Estado onipotente que pode manipular tudo, desde o passado histórico aos hábitos mentais dos cidadãos. Sem dúvida, foi esse Estado que deu às Mansões Vitória seu nome triunfalista. Mas talvez a segunda frase desse trecho inicial ofereça uma pequena esperança nessa situação desalentadora. Quando Winston Smith entra nas Mansões, um torvelinho de areia poeirenta consegue se infiltrar no edifício junto com ele; e, ainda que o romance em si pareça ver algum sentido sinistro nessa invasão (o vento é "pérfido"), talvez ao leitor essa lufada de areia pareça menos agourenta. Pó e areia são sinais de acaso e aleatoriedade. Representam fragmentos de coisas ao léu, que não se unem em nenhum padrão completo ou dotado de significado. Portanto, podem ser vistos como o contrário do regime totalitário retratado no romance. Da mesma forma, pode-se ver o vento como uma força que desafia o controle humano. Sopra como quer, ora para um lado, ora para outro. Também vai ao léu. Ao que parece, o Estado pelo menos não conseguiu canalizar a Natureza para seus propósitos. E os Estados totalitários ficam incomodados com qualquer coisa que não consigam arrastar para a ordem e a inteligibilidade. Talvez o regime não consiga banir totalmente o acaso, tal como as Mansões Vitória não conseguem manter a poeira lá fora.

Sem dúvida, alguns leitores acharão essa interpretação absurdamente fantasiosa. E isso porque pode ser mesmo. Parece improvável que Orwell visse a poeira como uma imagem positiva ou mesmo que a ideia sequer lhe tivesse passado pela cabeça. Mas veremos adiante que os leitores nem sempre precisam seguir mansamente o que imaginam que o autor tinha em mente. De todo modo, pode haver outras razões para essa interpretação ser descabida. Talvez não se adapte ao que descobriremos prosseguindo na leitura. Talvez o vento seja apresentado sempre como uma imagem do mal. Por outro lado, pode ser que não – e, nesse caso, os leitores céticos precisariam encontrar outras razões para considerá-la ridícula, conclusão que não está de forma alguma excluída.

Nesses breves exercícios críticos, procurei mostrar algumas das várias estratégias possíveis da crítica. Pode-se avaliar a textura sonora de uma passagem, pode-se analisar o que parecem ser ambiguidades significativas, pode-se examinar o uso da gramática e da sintaxe. É possível observar as atitudes emocionais que uma passagem parece adotar diante do que está apresentando; é possível enfocar alguns paradoxos, discrepâncias e contradições reveladoras. Às vezes, pode ser importante rastrear as implicações tácitas do que está sendo dito. Julgar o tom de uma passagem, suas mudanças e variações, pode ser igualmente produtivo. Pode ser proveitoso tentar definir o tom exato de um texto. Pode ser melancólico, informal, tortuoso, coloquial, conciso, fatigado, loquaz, teatral, irônico, lacônico, simples, corrosivo, sensual, oblíquo e assim por diante. O que todas essas estratégias críticas têm em comum é uma acentuada sensibilidade à linguagem. Mesmo os pontos de exclamação podem merecer algumas frases de comentário crítico. Todos esses elementos podem ser chamados de aspectos "micro" da crítica literária. Mas há também as questões "macro", como o personagem, o enredo, o tema, a narrativa e coisas semelhantes, e é a elas que agora passaremos.

CAPÍTULO 2

Personagem

Uma das maneiras mais usuais de desconsiderar a "literariedade" de uma peça ou de um romance é tratar seus personagens como se fossem pessoas de carne e osso. Em certo sentido, claro, é algo quase impossível de evitar. Se dissermos que Lear é intimidador, irascível e tem delírios de grandeza, é inevitável que fique parecendo algum magnata da imprensa moderno. Mas a diferença entre Lear e o magnata é que o primeiro é apenas um conjunto de sinais pretos numa página, ao passo que o segundo não, infelizmente. O magnata tinha uma existência antes que topássemos com ele, o que não é verdade no caso dos personagens literários. Hamlet não era realmente um estudante universitário antes que se inicie a peça, embora a própria peça nos diga que era. Ele não era nada, simplesmente não existia. Hedda Gabler não existe nem por um átimo antes de pisar no palco, e o que sabemos e saberemos sobre ela é apenas o que a peça de Ibsen decide nos dizer. Não existem outras fontes de informação disponíveis.

Quando Heathcliff desaparece do Morro dos Ventos Uivantes durante um misterioso lapso de tempo, o romance não nos conta para onde ele foi. Existe uma hipótese de que ele voltou a Liverpool, onde fora encontrado quando criança, e lá enriqueceu com o tráfico de escravos, mas é igualmente possível que tenha montado um salão de cabeleireiro em Reading. A verdade é que ele não aparece em lugar algum do mapa. Vai para um local indeterminado. Não existem locais assim na vida real, nem mesmo Gary, em Indiana, mas existem na ficção. Também poderíamos perguntar quantos dentes Heathcliff tem, e a única resposta possível será um número indeterminado. É legítimo supormos que ele tem dentes, mas o romance não nos diz quantos são. Há um famoso ensaio crítico que se chama "Quantos filhos teve Lady Macbeth?". Podemos inferir da peça que provavelmente teve pelo menos um, mas não sabemos se havia mais. Assim, Lady Macbeth tem um número indeterminado de filhos, o que pode ser bastante conveniente na hora de pedir pensão.

As figuras literárias não têm pré-história. Contam que um diretor de teatro que estava encenando uma das peças de Harold Pinter pediu-lhe algumas pistas sobre o que os personagens estavam fazendo antes de entrar no palco. Pinter respondeu: "Não seja enxerido". Emma Woodhouse, a heroína do romance *Emma*, de Jane Austen, só existe enquanto alguém está lendo a seu respeito. Se não houver ninguém lendo a seu respeito num determinado momento (hipótese bastante remota, em vista da qualidade do romance e dos bilhões de leitores de língua inglesa no mundo), ela cai na não existência. Emma não sobrevive ao final de *Emma*. Ela vive num texto, não numa grandiosa mansão no campo, e um texto é uma relação entre si mesmo e um leitor. Um livro é um objeto físico que existe mesmo que ninguém o pegue, mas isso não se aplica ao texto. O texto é uma configuração, um arranjo de significados, e arranjos de significados não têm existência própria, como uma cobra ou um sofá.

Alguns romances vitorianos terminam sondando amorosamente o futuro de seus personagens, imaginando-os na velhice, grisalhos e felizes entre um bando de netinhos risonhos. Relutam em deixar os personagens, assim como os pais às vezes relutam em deixar os filhos seguirem sua vida. Mas sondar amorosamente o futuro de seus personagens é, claro, apenas um recurso literário. As figuras literárias não têm futuro, como tampouco um assassino em série trancafiado na prisão. Shakespeare mostra isso numa bela passagem ao final de *A tempestade*, da qual já vimos outro trecho:

Personagem

Alegra-te, senhor.
Nossos folguedos agora acabaram. Nossos atores,
Como te avisei, eram todos espíritos e
Se dissolveram no ar, no tênue ar;
E, como a construção sem bases dessa visão,
As torres encimadas pelas nuvens, os belos palácios,
Os templos solenes, o próprio globo imenso,
Sim, tudo o que ele contém, se dissolverá
E, tal como se desfez esse espetáculo imaterial,
Não deixará traço algum atrás de si. Somos da matéria
De que são feitos os sonhos; e nossa breve vida
É cercada pelo sono...

Quando a peça chega ao fim, os personagens e acontecimentos se desvanecem no ar porque, sendo ficções, não há outro lugar para onde possam ir. O autor deles, também, está prestes a desaparecer do teatro londrino e a voltar para sua Stratford natal. Um aspecto interessante é que essa fala de Próspero não contrapõe a irrealidade do palco à existência sólida e concreta dos homens e mulheres de carne e osso. Pelo contrário, ela toma a fugacidade dos personagens dramáticos como metáfora da natureza passageira e povoada de fantasias da vida humana real. Nós é que somos feitos de sonhos, e não apenas as criaturas da imaginação de Shakespeare, como Ariel e Calibã. As torres encimadas pelas nuvens e os belos palácios desta terra não passam, afinal, de meros cenários de palco.

O teatro pode nos ensinar alguma verdade, mas é a verdade da natureza ilusória de nossa existência. Ele pode nos alertar para o caráter onírico de nossa vida, sua brevidade, sua mutabilidade e falta de bases sólidas. Desse ponto de vista, ao nos relembrar nossa mortalidade, ele pode alimentar em nós a virtude da humildade. É um efeito precioso, visto que grande parte de nossos problemas morais deriva do pressuposto inconsciente de que viveremos para sempre. Na verdade, nossa vida terá uma conclusão tão categórica e definitiva quanto o final de *A tempestade*. Mas isso não é tão desalentador como pode parecer. Se aceitarmos que nossa existência é frágil e fugidia como a de Próspero e Miranda, podemos colher alguns frutos disso. Talvez sejamos menos tensos e ansiosos na vida, divertindo-nos mais e ferindo menos os outros. Talvez seja por isso que Próspero, de modo um tanto estranho no contexto, insiste que nos alegremos. O caráter passageiro das coisas não é de se lamentar totalmente. Se o amor e as garrafas de Châteauneuf-du-Pape acabam, as guerras e os tiranos também.

Hoje em dia, a palavra "*character*" [até aqui traduzida como "personagem"], além de figura literária, pode significar também uma letra, um símbolo, um caractere ou caráter, em suma. Vem de um termo grego antigo, significando um sinete ou timbre que imprime uma marca específica. Daí passou a significar a marca característica de um indivíduo, e não apenas sua assinatura. Um *character*, tal como uma *character reference* ["carta de referência", sobre o caráter de alguém] hoje em dia, era um sinal, um retrato ou descrição de determinado indivíduo. Depois de algum tempo, veio a designar a pessoa como tal, homem ou mulher. O caráter, como sinal que representava o indivíduo, passou a ser o caráter, como identidade própria do indivíduo. O que havia de característico na marca se tornou o caráter único daquela pessoa. Assim, a palavra "caráter" é um exemplo de uma figura de linguagem conhecida como sinédoque, em que a parte representa o todo.

O interesse disso não é meramente técnico. A transição de "caráter" como marca peculiar de um indivíduo para "caráter" como identidade do próprio indivíduo está ligada a toda uma história social. Faz parte, em suma, do nascimento e desenvolvimento do individualismo moderno. Agora os indivíduos são definidos pelo que têm de característico, como a assinatura ou a personalidade inimitável. O que nos diferencia entre nós é mais importante do que o que temos em comum. O que faz de Tom Sawyer Tom Sawyer são todas aquelas características que ele não partilha com Huck Finn. Lady Macbeth é o que é por causa de seu temperamento voluntarioso feroz e de sua ambição impetuosa, e não porque sofre, se angustia, ri e espirra. Como estas são coisas que compartilha com o resto da espécie, não contam realmente como parte de seu caráter. Levada ao extremo, essa concepção bastante curiosa dos homens e das mulheres sugere que uma boa, talvez a maior, parte do que são e fazem não são realmente *eles*. Não é característica deles; e, como a personalidade ou o caráter é tido como único e exclusivo, todas essas outras coisas não podem contar como parte do indivíduo.

Hoje, o termo "caráter" designa as qualidades morais e mentais de um indivíduo, como o comentário do príncipe Andrew, dizendo que levar um tiro na Guerra das Malvinas era muito bom para "formar o caráter". Talvez ele queira formar seu caráter com um pouco mais de frequência. A palavra, claro, também se refere a figuras em romances, peças, filmes etc. Mas ainda usamos o termo para as pessoas de carne e osso, como em: "Quem são aquelas figuras [*characters*] ali vomitando pela janela do Vaticano?". Também pode indicar uma pessoa caprichosa ou cheia de manias, como em "Meu Deus, que figura! [*character*]". Interessante notar que o termo é usado com mais frequência para os homens do que para as mulheres, e reflete um gosto muito inglês pela excentricidade. Os ingleses tendem a admirar gente ranheta e inconformada, que faz questão de não se dar com o próximo. Esses esquisitões são unanimemente incapazes de ser qualquer coisa, a não ser eles mesmos. Quem anda com um arminho no ombro ou usa saco de papel pardo na cabeça é tido como uma figura [*character*], o que sugere que suas excentricidades devem ser aceitas com simpatia. Há um espírito de tolerância na palavra *character* nessa acepção de "que figura!". Poupa-nos o trabalho de botar uma meia dúzia na cadeia.

Como na literatura de Charles Dickens, essa bizarrice pode variar do encantador ao francamente sinistro. Também existem figuras dickensianas que pairam em algum ponto entre esses dois extremos, cheias de manias divertidas, mas também levemente alarmantes. Parecem não conseguir enxergar o mundo a não ser de seu próprio ponto de vista. Essa espécie de estrabismo moral faz com que sejam cômicas, mas também potencialmente monstruosas. É tênue a linha entre ter uma vigorosa independência de espírito e ficar encerrado no próprio ego, excluído do convívio dos outros. Ficar fechado dentro de si por muito tempo resulta numa espécie de insanidade. As "figuras" ["*characters*"] nunca estão muito longe de uma espécie de loucura, como sugere a vida de Samuel Johnson. O fascinante está a apenas um passo do aberrante.

Não existe desvio sem norma. Os idiossincráticos podem se orgulhar em ser obstinadamente eles mesmos, mas em certo sentido a excentricidade depende da existência de pessoas "normais". Isso fica claro, mais uma vez, no mundo de Dickens, cujas figuras tendem a se dividir entre convencionais e grotescas. Para cada Pequena Nell, melancólico modelo de virtude em *A loja de antiguidades*, há um Quilp, um anão brutal do mesmo romance que masca charutos acesos e ameaça morder a esposa. Para cada jovem gentil e discreto como Nicholas Nickleby, há um Wackford Squeers, um mestre-escola caolho, brutal e calhorda da mesma obra, que tiraniza os alunos e, em vez de ensiná-los a soletrar a palavra "janela", coloca-os a limpar as janelas da escola.

O problema é que, se os personagens normais têm toda a virtude, as figuras aberrantes têm toda a vida. Ninguém tomaria um suco de laranja com Oliver Twist se tivesse oportunidade de dividir uma cerveja com Fagin. A patifaria é mais atraente do que a respeitabilidade. No momento em que as classes médias vitorianas definiram a normalidade como a parcimônia, a prudência, a paciência, a castidade, a docilidade, a autodisciplina e a industriosidade, estava claro que o demônio ficaria com o melhor. Numa situação dessas, claro que a opção é pela aberração. Daí a obsessão pós-moderna com vampiros e horrores góticos, com o pervertido e o marginal, que se tornou tão ortodoxa como

Personagem

eram antigamente a parcimônia e a castidade. Poucos leitores do *Paraíso perdido* preferem o Deus de Milton, que fala como um funcionário público enfezado, ao Satanás em atitude de desafio e indisfarçada revolta. Com efeito, é quase possível especificar o primeiro momento na história inglesa em que a virtude se torna maçante e o vício, atraente. O filósofo Thomas Hobbes, escrevendo nos meados do século XVII, admira qualidades heroicas ou aristocráticas como a bravura, a honra, a glória e a magnanimidade; o filósofo John Locke, escrevendo no final do século XVII, enaltece os valores de classe média como o trabalho, a parcimônia, a sobriedade e a moderação.

Mesmo assim, não é totalmente verdade que os tipos grotescos de Dickens transgridam a norma. Sem dúvida desdenham as formas de conduta convencionais. Mas são tão aferrados a suas manias, tão compulsivamente sistemáticos em suas excentricidades que vêm a representar uma norma em si mesmos. São tão prisioneiros de seus hábitos bizarros quanto os personagens respeitáveis são prisioneiros da convenção. Somos apresentados a uma sociedade onde cada um é sua própria medida. Cada um faz suas coisas, seja morder a esposa ou chacoalhar as moedas dentro do bolso. Mas isso está absolutamente distante de uma autêntica liberdade. Os critérios em comum quase desapareceram e, junto com eles, quase desapareceu também qualquer comunicação genuína. Os personagens falam em idiomas próprios e num jargão obscuro. Não mantêm relações entre si; têm é colisões aleatórias. Tudo isso vem prefigurado de maneira hilariante no grande antirromance do século XVIII, *Tristram Shandy*, de Laurence Sterne, povoado de um bando de malucos, maníacos, paranoicos e aleijões emocionais. Essa é apenas uma das várias razões pelas quais *Tristram Shandy* está entre as grandes obras-primas cômicas da literatura inglesa.

Os personagens literários virtuosos podem não ser propriamente emocionantes, mas existem romances e peças que parecem saber disso. Fanny Price, a heroína de *Mansfield Park*, de Jane Austen, é uma jovem cumpridora, bem-comportada e (como pressentem muitos leitores do romance) muito pálida. É cordata, passiva e bastante chatinha. Mas é como se o romance tivesse uma réplica pronta a qualquer um que apontasse isso sem muito tato. De que outra maneira uma jovem solteira, sem dinheiro, sem posição social, sem pais responsáveis por ela, iria se defender naquela sociedade predatória retratada no romance? A falta de vitalidade de Fanny não é uma crítica implícita à ordem social? Afinal, ela não é uma Emma Woodhouse, rica, atraente, de alta posição e, assim, capaz de fazer praticamente o que quiser. Os poderosos podem se entregar a excessos, enquanto os pobres e indefesos têm de cuidar de si mesmos. Precisam aceitar a acusação de insipidez a fim de evitar acusações mais graves. Se Fanny é enfadonha, não é por culpa dela. E tampouco da autora, que é plenamente capaz de apresentar jovens cheias de vivacidade.

Pode-se sentir algo parecido em Jane Eyre, de Charlotte Brontë. Toda metida a boazinha, moralista e levemente masoquista, Jane dificilmente seria a heroína mais simpática com quem gostaríamos de dividir um táxi. Como um crítico observou a respeito de Pamela, de Samuel Richardson, o problema não é que ela seja maquinadora, e sim *inconscientemente* maquinadora. Mas é difícil ver como ela poderia ser sincera e dinâmica nas condições opressivas em que se encontra. Enquanto existirem Rochesters de espírito bígamo por aí, enquanto existirem fanáticos religiosos como St. John Rivers dispostos a arrastar uma jovem para uma morte prematura na África, uma órfã sem um tostão como Jane cometeria uma imprudência se baixasse a guarda de sua vigilância moral. Ser agradável é para quem pode.

Isso também se aplica a uma das maiores figuras femininas da literatura inglesa, Clarissa, de Samuel Richardson. Poucos personagens foram tão massacrados pela crítica. Clarissa, que se recusa a ir para a cama com um aristocrata dissoluto e é violentada por ele, tem sido ora descrita como melindrosamente pudica, pedante, mórbida, narcisista, teatral, masoquista, hipócrita, com

Personagem

mania de grandeza e (isso de uma crítica literária do sexo feminino) "uma suculenta tentação à violência". Poucos exemplos de refulgente virtude foram tão odiados do fundo do coração. A heroína de Richardson é, sem dúvida, piedosa, de espírito elevado e com leve complexo de superioridade. Mas o que ela está realmente fazendo é proteger sua castidade num mundo brutalmente patriarcal. Se Clarissa não é o tipo de mulher que acompanharíamos de bom grado num circuito pelos bares, como a Viola de Shakespeare ou a Becky Sharp de Thackeray, o romance deixa bem claro por que ela não pode se dar a esse luxo.

A inocência numa sociedade dissoluta sempre tende a ser levemente divertida. O romancista oitocentista Henry Fielding adora seus personagens bondosos, como Joseph Andrews e o pároco Adams em *Aventuras de Joseph Andrews*, mas também se diverte em aprontar com eles. Os inocentes costumam ser crédulos e ingênuos, e por isso sempre constituem um rico manancial para comédias satíricas. Os bons estão fadados à credulidade, pois como a virtude pode parecer arguta por si mesma e continuar a ser virtude? Ser totalmente despido de malícia é admirável, mas também absurdo. Assim, Fielding usa os personagens de bom coração para desmascarar os patifes e canalhas ao seu redor, ao mesmo tempo em que faz leve troça de sua inocência desinteressada. Se o romance em si não cuidasse deles, provavelmente desapareceriam sem deixar traços, antes mesmo de terminar o primeiro capítulo.

***

Algum tempo atrás, referi-me aos personagens idiossincráticos como "tipos", o que parece uma espécie de contradição. (Diga-se de passagem que a palavra "tipo" também significa uma letra impressa, assim como a palavra "caráter".) Tipificar os indivíduos é colocá-los dentro de certas categorias, em vez de percebê-los como únicos e originais. Mas faz pleno sentido falar de um tipo singular, mesmo porque há muitos por aí. Ironicamente, termos como "singular", "estranho" e "excêntrico" são genéricos, isto é, termos que se referem a um grupo ou uma classe inteira. São tão genéricos quanto "solteiro" ou "corajoso". Pode-se até falar em diversos tipos de excêntricos. Então, mesmo gente muito peculiar não é inclassificável. Os bizarros podem ter coisas em comum, tanto quanto os alpinistas ou os republicanos de direita.

Gostamos de pensar os indivíduos como únicos. Mas, se isso vale para todos, então todos temos a mesma qualidade, qual seja, nossa identidade única. O que temos em comum é o fato de sermos todos incomuns. Todos são especiais, o que significa que ninguém é especial. A verdade, porém, é que os seres humanos são incomuns só até certo ponto. Não existem qualidades exclusivas de uma pessoa só. Infelizmente, é impossível existir um mundo onde apenas uma pessoa seja irascível, vingativa ou mortalmente agressiva. Isso porque os seres humanos não são essencialmente tão diferentes entre si, verdade que os pós-modernistas relutam em admitir. Compartilhamos uma quantidade enorme de coisas simplesmente por sermos humanos, e isso se revela no vocabulário que temos para tratar do caráter humano. Compartilhamos inclusive os processos sociais pelos quais vimos a nos individualizar.

É verdade que os indivíduos combinam essas qualidades comuns de maneiras muito diversas, e em parte é isso o que os torna tão diferenciados. Mas as qualidades em si são moeda corrente. Não faz muito sentido dizer que só eu sinto um ciúme tão insano, nem chamar a moeda que tenho no bolso de *dime*, muito embora mais ninguém fale assim. Chaucer e Pope decerto concordariam, mas Oscar Wilde e Allen Ginsberg provavelmente não. Os críticos literários podem pensar que os indivíduos são incomparáveis, mas os sociólogos discordam. Se os seres humanos fossem, na maioria, encantadoramente imprevisíveis, os sociólogos perderiam o emprego. Eles, como os stalinistas, não se interessam pelo indivíduo. Pelo contrário, examinam padrões comuns de comportamento. É uma verdade sociológica que as filas nas caixas de supermercado sempre são mais ou menos do mesmo comprimento, pois os seres humanos são semelhantes em sua relutância de perder tempo demais com tarefas tediosas e relativamente triviais, como pagar as compras no mercado. Seria realmente estranho que alguém fizesse fila só para se divertir. Nesse caso, seria uma boa ação avisar os serviços de assistência social.

Ao tentar captar a "essência" de um indivíduo, no sentido daquilo que o faz peculiar, inevitavelmente usaremos termos genéricos. Isso vale tanto para a literatura quanto para a linguagem do cotidiano. Às vezes, considera-se que as obras literárias dizem respeito sobretudo ao concreto e específico. Mas aqui há uma ironia. Um escritor pode amontoar frases e mais frases, adjetivos e mais adjetivos, para capturar a essência esquiva de alguma coisa. Mas, quanto mais usa a linguagem para descrever um personagem ou situação, mais tende a soterrá-lo sob uma montanha de generalidades. Ou simplesmente a soterrá-lo sob a própria linguagem. Eis, por exemplo, o famoso caso do boné de Charles Bovary, no romance *Madame Bovary*, de Gustave Flaubert:

> Era uma daquelas peças de tipo compósito, onde se encontram os elementos do gorro de pele, do *chapska*, do chapéu redondo, do barrete de lontra e do boné de algodão, uma daquelas pobres coisas, em suma, cuja silenciosa feiura tem uma profundidade de expressão como o rosto de um imbecil. Ovoide e armado com barbatanas, começava com três roletes circulares; depois, separados por uma faixa vermelha, alternavam-se losangos de veludo e de pele de coelho; em seguida, vinha uma espécie de saco que terminava num polígono acartonado, recoberto por um complicado bordado em sutache, e de onde saía, na ponta de um cordão comprido e demasiado fino, um pendurilho de fios de ouro, a título de borla.

É um massacre verbal com requintes de crueldade. Como assinalaram os críticos, é quase impossível visualizar o boné de Charles. Tentar juntar esses detalhes num conjunto coerente atordoa a imaginação. É o tipo de objeto que só pode existir na literatura. É um produto apenas da linguagem. Impossível imaginar alguém usando um boné assim na rua. Ao ser tão absurdamente elaborada, a descrição de Flaubert destrói a si mesma. Quanto mais o autor especifica, mais informações fornece. Quanto mais informações fornece, mais espaço o autor cria para divergências de interpretação do leitor. E o resultado pode ser não a vividez e a especificidade, mas a indistinção e a ambiguidade.

Nesse sentido, escrever é algo meio fadado à derrota. É como se a passagem de Flaubert nos mostrasse maliciosamente esse aspecto, cegando-nos não com a ciência, mas com letras. É uma piada às custas do leitor. E o que vale para um chapéu vale também para o personagem. Julga-se que os melhores personagens literários, pelo menos na literatura realista, são aqueles mais profusamente individualizados. Mas se, até certo ponto, não fossem também tipos, revelando qualidades que já vimos antes, seriam ininteligíveis. Uma figura literária totalmente original escaparia da rede da linguagem, deixando-nos sem nada a dizer. Um tipo, porém, não é necessariamente um estereótipo. Desse argumento não decorre que Aristóteles está certo quando diz que seria impróprio um artista retratar uma mulher como inteligente. Os estereótipos reduzem as pessoas a categorias gerais, ao passo que os tipos preservam suas individualidades, mas lhes fornecem um contexto maior. Alguém mais descrente pode achar, a partir disso, que os irlandeses estão perpetuamente bêbados e envolvidos em alguma briga, mas que cada um deles participa de sua maneira pessoal e exclusiva.

É verdade que a literatura – e talvez a poesia, principalmente – pode nos fazer sentir como se estivéssemos na presença de uma especificidade irredutível. Mas isso é um pouco enganoso. Nada é absolutamente específico, se por específico entende-se

Personagem

aquilo que escapa a todas as categorias gerais. Só podemos identificar objetos na linguagem, e a linguagem é geral por natureza. Se não fosse, precisaríamos de uma palavra diferente para cada patinho de borracha e cada talo de ruibarbo do mundo. Mesmo termos como "isto", "aqui", "agora", "totalmente único" são genéricos. Não existe uma palavra especial para minhas sobrancelhas ou para meus acessos de mau humor. Dizer "polvo" é supor implicitamente que esse polvo específico se parece com outros polvos. Na verdade, não existe nada que não se pareça com alguma outra coisa em algum aspecto. A Grande Muralha da China é semelhante ao conceito de tristeza, no sentido de que nenhum dos dois consegue descascar uma banana.

Em todo caso, a ideia de que as obras literárias lidam mais com o concreto e imediato do que com o abstrato e geral é de origem bastante recente. Chegou a nós sobretudo a partir dos românticos. Samuel Johnson, escrevendo no século XVIII, considerava de mau gosto preocupar-se demais com o específico. Para ele, o universal era muito mais interessante. Para algumas pessoas, hoje em dia, isso seria quase tão bizarro quanto achar a trigonometria mais excitante do que o sexo. Isso indica a que ponto o romantismo, com sua paixão pelo particular, transformou sorrateiramente nossa sensibilidade.

Assim, nada é absolutamente si mesmo. Mas isso é um problema apenas para os pós-românticos. Autores como Dante, Chaucer, Pope e Fielding não enxergavam a individualidade dessa maneira. Não a consideravam oposta ao geral. Pelo contrário, reconheciam que em sua composição entravam qualidades comuns à espécie humana. Com efeito, a palavra "individual" costumava significar "indivisível". Queria dizer que os indivíduos eram inseparáveis de algum contexto maior. Tornamo-nos pessoas individuais somente porque nascemos em sociedades humanas. É talvez por isso que, entre outras coisas, a palavra "singular" também significa "estranho". Para os antigos, um monstro significava uma criatura fora do campo da existência social.

Uma das primeiras obras de crítica literária que temos, a *Poética*, de Aristóteles, é basicamente uma discussão da tragédia, mas seu foco principal não é, de maneira alguma, o personagem. Com efeito, Aristóteles parece crer que é possível uma tragédia sem nenhum personagem. Em *Respiração*, Samuel Beckett vai um pouco mais além, com uma peça sem enredo, sem personagem, sem narrativa, sem diálogo, sem cenário e (quase) sem duração. O que interessa a Aristóteles é, acima de tudo, a trama ou a ação dramática. Os personagens individuais, na verdade, são meros "suportes auxiliares". Não existem por si, mas apenas pela ação, o que Aristóteles entende como assunto coletivo. A palavra grega antiga para teatro significa literalmente "algo feito". Os personagens podem conferir algum colorido à ação, mas o que mais importa é o que acontece. Não levar isso em conta ao assistir a uma tragédia é como ver um jogo de futebol como simples ações de um grupo de indivíduos solitários ou como uma oportunidade para que cada um deles mostre "personalidade". Se alguns jogadores agem como se um jogo de futebol fosse exatamente isso, não é razão para nos deixarmos desviar do assunto.

Não é que Aristóteles considerasse o personagem [*character*] insignificante em geral. Pelo contrário, considerava-o de suprema importância, como fica claro em outro livro seu, a *Ética a Nicômaco*. Essa obra trata de valores morais, de qualidades de caráter, da diferença entre os indivíduos virtuosos e os maus, e assim por diante. Mas a concepção aristotélica do caráter nessa acepção da vida real é diferente de algumas de suas versões modernas. Aqui também ele considera a ação como fundamental. O que mais importa do ponto de vista moral é o que as pessoas fazem, a maneira como utilizam suas faculdades criativas na arena pública. Não há como ser virtuoso sozinho e por conta própria. A virtude não é como tricotar uma meia ou mordiscar uma cenoura. Os pensadores antigos tinham menos propensão do que os modernos a enxergar os indivíduos num esplêndido isolamento. Certamente teriam alguma dificuldade em entender Hamlet e ficariam absolutamente estupefatos com a obra de Marcel Proust ou de Henry James. A absoluta estupefação com Proust e James também ocorre hoje em dia, mas por razões bem diferentes.

    Isso não quer dizer que os autores antigos vissem as pessoas como zumbis. Simplesmente tinham outras noções de consciência, emoção, psicologia etc., diferentes das nossas. Pensadores como Aristóteles sabem muito bem que os seres humanos têm uma vida interior. Só que não costumam partir dela, como fazem tantos autores românticos e modernistas. Pelo contrário, eles costumam situar essa vida interior dentro de um contexto de ação, de relações de parentesco, de história e presença na esfera pública. Só temos vida interior porque fazemos parte de uma linguagem e de uma cultura. Podemos ocultar nossos pensamentos e sentimentos, claro, mas essa é uma prática social que antes precisamos aprender. Um bebê não sabe ocultar nada. Aristóteles também reconhecia que nossas ações públicas exercem influência ativa em nossa vida interior. Praticar ações virtuosas nos ajuda a nos tornarmos virtuosos. Homero e Virgílio partem das pessoas como seres práticos, sociais, de carne e osso, e examinam a consciência humana a essa luz. Ésquilo e Sófocles também. O gradual abandono dessa concepção sobre os seres humanos está intimamente ligado ao definhamento de nosso senso de sociedade. Nossas noções correntes de personagem literário são, na maior parte, as de uma ordem social solidamente individualista. São também de origens históricas muito recentes. Nem remotamente são a única maneira de representar o ser humano.

    Para Aristóteles, o personagem é apenas um elemento num conjunto artístico complexo. Não pode ser bruscamente arrancado de seu contexto, como os críticos costumavam fazer quando escreviam ensaios com títulos como "A meninice de Ofélia" ou "Iago daria um bom governador do Arizona?". É verdade que as pessoas da vida real também sempre se encontram em algum tipo de cenário significativo. Sempre nos contatamos mutuamente tendo algum pano de fundo. Os seres humanos nunca deixam de estar em alguma situação. Não saber em que situação se está é estar numa situação chamada de dúvida. Estar fora de qualquer situação é o que se chama estar morto. É verdade que alguns, ao morrer, criam cenários muito mais dramáticos do que jamais criaram em vida, mas são cenários para os outros, não para si mesmos. As pessoas reais, porém, como não se resumem a criações linguísticas, têm certo grau de independência em relação ao meio circunstante, o que não ocorre com Josef K ou com a Esposa de Bath. Na medida em que podem colocar algum espaço entre elas mesmas e suas situações, também podem transformá-las, ao passo que insetos e personagens literários estão perpetuamente presos nelas. A Esposa de Bath não pode resolver emigrar dos *Contos da Cantuária* para *O som e a fúria*, enquanto nós sempre podemos dar um tchauzinho a Sunderland e nos mudar para Sacramento.

Como as pessoas não se resumem a meras funções do ambiente, podem vir a crer que são autônomas, palavra que significa literalmente "norma para si mesmo". Podem se considerar livres dos outros e da sociedade. Nessa perspectiva, as pessoas são fonte das próprias ações, as únicas responsáveis exclusivas pelo que fazem, dependendo, em última instância, apenas de si mesmas. Comportam-se, em suma, como Shakespeare descreve Coriolano: "Como se um homem fosse autor de si mesmo/ E não conhecesse nenhum outro afim". É o pressuposto de que cada um é o único responsável exclusivo por suas ações que leva tanta gente ao corredor da morte nos Estados Unidos.

Essa concepção dos seres humanos não seria endossada pela grande maioria dos pensadores antigos ou medievais. Nem por Shakespeare, imagina-se. Tome-se, por exemplo, seu Otelo. Otelo, claro, é um personagem de uma peça, mas também se comporta como único e tende a se considerar único. Transborda de retórica grandiloquente e de dramático exibicionismo. Tem a presença carismática de um homem do mundo teatral. No começo da ação, ele interrompe uma luta com uma declaração bombástica: "Guardai vossas reluzentes espadas, pois o orvalho irá enferrujá-las". É um verso magnífico para prender a atenção, como se fosse declamado por um ator interpretando um ator. Talvez Otelo tivesse ensaiado várias vezes, enquanto aguardava nos bastidores. A frase pode remeter à ordem de Jesus aos discípulos no Horto das Oliveiras para embainharem as espadas, o que dá a ela uma aura ainda mais imponente. Esse homem não é apenas um ator de primeira categoria; chega a ter em si um toque da segunda pessoa da Santíssima Trindade. Mas ele é, por assim dizer, um ator da velha escola, que vê o palco como oportunidade para mostrar sua personalidade exuberante e tem dos outros uma percepção um tanto vaga. O trabalho em equipe não é o ponto mais forte de Otelo. Ele vive diretamente da própria imagem. É um de seus poucos pontos de semelhança com Ernest Hemingway, tirando o fato de que Hemingway também se suicidou. Otelo é um personagem sem contexto – e literalmente, visto que, como mouro, mescla de sangue berbere e árabe, fica um tanto deslocado em Veneza, sua cidade adotiva.

O Mouro de Veneza é uma criação deslumbrante, mas logo nos perderíamos se aceitássemos de pronto a avaliação que faz de si mesmo. Há algo de histriônico nesse herói. Parece alguém curiosamente ciente de que fala declamando versos brancos shakespearianos:

> *Nunca, Iago. Tal como o Ponto Euxino,*
> *Cuja gelada corrente e curso coercivo*
> *Nunca conhecem o refluxo, mas seguem*
> *Sempre ao Propôntico e ao Helesponto;*
> *Minhas ideias de sangue, a passo violento,*
> *Não se deterão nem refluirão ao humilde amor,*
> *Enquanto uma vasta e ampla vingança*
> *Não os tragar...*

Otelo morre no final da peça, como costumam fazer os heróis trágicos, mas está decidido a partir com grande teatralidade:

Anotai o seguinte:
E dizei também que outrora em Alepo,
Onde um maligno turco de turbante
Bateu num veneziano e difamou o Estado,
Peguei pela garganta o cão circuncidado
E o golpeei – assim. (Ele se apunhala)

Como comenta um crítico mordaz, é um *coup de théâtre* magnífico. Esse homem chega ao ponto de converter o ato de se apunhalar num gesto de louvor a si mesmo. Idealiza-se até na hora da morte.

Situando Otelo no contexto da peça como um todo, vendo como o modo de caracterizá-lo se entretece com o tema, o enredo, o clima, as imagens etc., podemos chegar a uma ideia de personagem literário bastante diferente da dele mesmo. Otelo deixa de aparecer como um ser tão grandiosamente autônomo. Essa é uma das maneiras de evitar falar dos personagens como se morassem no nosso prédio. Hamlet não é apenas um jovem príncipe desacorçoado; é também uma ocasião para certas reflexões da própria peça como um todo, a encarnação de certos modos de ver e de sentir que se estendem muito além dele. Hamlet é um conjunto complexo de percepções e preocupações, e não um simples estudante que tem um padrasto escuso. Também precisamos examinar as técnicas com que se monta um personagem. Será uma figura literária específica apresentada simplesmente como um tipo ou um símbolo, ou possui uma sutil psicologização? É tratado a partir de dentro ou visto da perspectiva dos outros personagens? É coerente ou contraditório, não muda ou evolui, tem contornos claros ou indistintos? Os personagens são vistos globalmente ou ficam reduzidos às funções do enredo? São definidos por meio de suas ações e relações ou assomam como consciências desencarnadas? Nós os sentimos como presenças físicas vívidas ou essencialmente verbais, prontamente captáveis ou cheios de recônditos secretos?

Personagem

Uma das realizações do grande romance realista europeu, de Stendhal e Balzac a Tolstói e Thomas Mann, é ilustrar esse entrelaçamento de personagem e contexto. Os personagens nessas vertentes literárias aparecem dentro de uma rede complexa de mútuas dependências. São formados por forças sociais e históricas maiores do que eles, são moldados por processos que somente às vezes percebem. Isso não significa que sejam meros joguetes dessas forças. Pelo contrário, desempenham papel ativo no traçado de seus destinos. Mas não é como se toda a realidade brotasse das entranhas de alguns grandes homens, vivendo em esplêndido isolamento. Como diz George Eliot, não existe vida pessoal que não tenha sido influenciada por uma vida pública mais ampla. O romance realista tende a captar a vida dos indivíduos em termos de histórias, comunidades, instituições e relações de parentesco. É dentro dessas estruturas que se vê o eu. Assim como muitas coisas entram na feitura de uma obra literária, além do autor, da mesma forma muitas coisas entram na feitura de um personagem realista. Há uma diferença entre esse projeto realista e o romance modernista, que amiúde nos apresenta uma consciência solitária. Pense-se, por exemplo, em *Malone morre*, de Beckett, ou em *Mrs. Dalloway*, de Virginia Woolf.

Os personagens na tradição realista geralmente aparecem como indivíduos completos, complexos e verossímeis. Muitos até parecem mais reais do que nossos vizinhos. E alguns são bem mais agradáveis. Sem todo esse leque de figuras magnificamente compostas, algumas das quais alcançaram status mítico e lendário, a literatura mundial seria muito mais pobre. Mesmo assim, não podemos esquecer que o conceito realista de personagem é apenas um entre outros. Existem muitas obras literárias que não estão especialmente preocupadas em nos contar o que o protagonista comeu no café da manhã nem qual é a cor das meias que seu chofer está usando. O Novo Testamento apresenta Jesus como uma espécie de personagem, mas não mostra interesse algum em sondar sua mente. Essa psicologização seria desnecessária para suas finalidades. A obra não pretende ser uma biografia. Não nos diz sequer que aparência tinha o personagem central. Se os autores dos Evangelhos estivessem fazendo algum curso de escrita criativa atual, é bem provável que recebessem uma nota vergonhosamente baixa.

A mesma relativa indiferença ao que se passa na cabeça das pessoas encontra-se no Livro de Isaías, em *A divina comédia*, de Dante, nos autos de mistério medievais, nas *Viagens de Gulliver*, de Jonathan Swift, em *Moll Flanders*, de Daniel Defoe, na *Ópera de três vinténs*, de Bertolt Brecht, e em inúmeras outras obras literárias importantes. Um dos melhores autores ingleses do século XX, Evelyn Waugh comentou certa vez que "vejo a escrita não como um exame de caráter, mas como um exercício no uso da linguagem, e sou obcecado por isso. Não tenho nenhum interesse psicológico técnico. O que me interessa é o drama, a fala, os acontecimentos". Aristóteles teria entendido o que ele quis dizer, mas Scott Fitzgerald talvez ficasse um tanto perplexo.

Os modernistas estão à procura de novos modos de caracterização, adequados a uma era pós-vitoriana. O que parece ser uma pessoa para Franz Kafka é diferente do que parece a George Eliot, e certamente muito diferente para quem escreveu os Upanishades ou o Livro de Daniel. Eliot vê o personagem como "um processo e um desenrolar", que não é de maneira alguma como o veem Woolf ou Beckett. Para eles, os seres humanos não têm toda essa consistência e continuidade. O personagem realista típico tende a ser razoavelmente estável e unificado, mais como Amy Dorritt e David Copperfield do que como o Stephen Dedalus de Joyce ou o Gerontion de T.S. Eliot. Como tal, ele reflete uma época em que a identidade, de modo geral, não era considerada tão problemática como hoje. As pessoas ainda podiam se ver como agentes de seu próprio destino. Tinham uma noção bastante clara do ponto onde paravam e onde começavam os outros. Sua história pessoal e coletiva, apesar de todos os altos e baixos, parece apresentar uma evolução coerente, com mais probabilidade de chegar à felicidade do que à catástrofe.

Personagem

    O modernismo, em contraste, põe em crise todo o conceito de identidade. Stephen Dedalus e Leopold Bloom, os protagonistas gêmeos de *Ulisses*, de James Joyce, parecem ter um comando razoável de suas vidas enquanto passeiam a esmo por Dublin. Mas é uma espécie de brincadeira com eles, pois o leitor sabe que grande parte do que fazem está determinada pelo enredo homérico secundário do romance. Eles próprios não percebem que suas vidas estão seguindo esse roteiro secreto, já que não leem o romance no qual aparecem. É como se estivessem para o subenredo homérico como o ego está para o inconsciente. Adiante veremos que o modernismo também questiona as noções ortodoxas de narrativa, num mundo onde se torna cada vez mais difícil apresentar uma narrativa coerente, abrangente e assente dos assuntos humanos. Em *Ulisses*, por exemplo, acontecem pouquíssimas coisas. Ou pelo menos, como no caso das Cavernas Marabar, é difícil dizer se acontece alguma coisa ou não. Como disse um crítico certa vez, num comentário famoso, em *Esperando Godot* não acontece nada duas vezes, primeiro no Ato I e depois no Ato II.

    Os modernistas, portanto, procuram questionar as noções correntes de personagem. Alguns procedem compactando tanto a complexidade psicológica das figuras literárias até que o caráter, na acepção clássica, começa a se desintegrar. Depois que se começa a ver a consciência humana como algo insondavelmente intrincado, é difícil fazê-la caber dentro dos limites claramente definidos do Rob Roy de Walter Scott ou do Jim Hawkins de Robert Louis Stevenson. Ela começa a transbordar pelas beiradas, infiltrando-se no ambiente e em outros eus. Isso se aplica especialmente à obra de Virginia Woolf, na qual a identidade é mais esquiva e indeterminada do que em Trollope ou Thomas Hardy. Essa indeterminação nem sempre é louvável, como tendem a supor os pós-modernistas. Pode incluir um sentimento traumático de perda e ansiedade. Ter identidade de menos pode ser tão incapacitante quanto ter identidade demais.

Se o ego está ligado a suas experiências mutáveis, não tem mais a unidade e a coerência do Homem Comum de Bunyan ou do Coriolano de Shakespeare. Tem menos condições de contar uma história coerente sobre si mesmo. Suas crenças e desejos já não se unem necessariamente para formar um todo contínuo. O mesmo se dá nas obras em que aparecem esses personagens. De Aristóteles até hoje, os críticos tendem a supor que as obras literárias devem ser totalidades solidamente integradas, sem uma palhinha simbólica solta ou um fio de cabelo fora do lugar. Mas por que isso há de ser necessariamente um valor? O conflito e a dissonância não podem ser igualmente louváveis? Talvez, como às vezes Woolf suspeita, o eu seja um mero feixe de sensações e percepções fortuitas, tendo apenas um vazio no centro. O Leopold Bloom de Joyce tem uma mente modernista parecida, que reage a sensações fragmentárias, mas apresenta pouca continuidade. É verdade que ele também é um personagem plenamente construído e meticulosamente detalhado, mas isso é, entre outras coisas, um arremedo satírico do conceito realista ou naturalista de personagem. Se George Eliot mostra seus personagens sentados para o café da manhã, Joyce dá um passo além e mostra seu herói sentado na privada. Bloom é a criação de um irlandês dissidente fazendo troça dos britânicos vigorosamente realistas. Oscar Wilde, outro irlandês subversivo que fez carreira espicaçando os britânicos, definiu a verdade como "a mania na última moda". Para ele, ser realmente livre significava estar livre de uma identidade coerente, bem como estar livre para se deitar com os filhos da nobreza inglesa.

As obras modernistas empregam ainda outra forma de desmantelar as ideias tradicionais de personagem: procurando revelar algo sobre as forças que moldam o eu nos níveis mais profundos. D.H. Lawrence declarou que não estava interessado em caráter ou personalidade, visto que as profundezas que estava sondando jaziam muito abaixo do ego consciente. Na esteira de Freud, as noções ortodoxas de identidade passam a ser inevitavelmente questionadas. A vida consciente, agora, é apenas a pontinha do iceberg do eu. O eu explorado por Lawrence está em algum lugar no outro extremo das ideias, emoções, traços de personalidade, valores morais ou relacionamentos habituais. Pertence a algum campo obscuro, primordial, profundamente impessoal do ser. E esse é um terreno onde os autores realistas não teriam como pisar. O eu para Lawrence não é algo que possamos controlar. Ele tem sua lógica enigmática própria e seguirá alegremente seu próprio caminho. Somos realmente estranhos a nós mesmos. E, se não temos posse de nós mesmos, não podemos impingir nossas identidades aos outros. Assim, há uma ética e uma política nesse ponto de vista.

T.S. Eliot também desdenha a mera consciência e mostra grande indiferença pela personalidade individual. O que prende sua atenção são os mitos e tradições que moldam o eu individual. São essas forças mais profundas que ele procura trazer à tona em sua obra. E essas forças estão num nível muito abaixo da mente individual, numa espécie de inconsciente coletivo. É aqui que todos nós partilhamos a mesma sabedoria espiritual e os mesmos mitos atemporais. Assim, o significado consciente de um poema não tem tanta importância. É por isso que Eliot não se incomodava muito com as várias interpretações de sua obra apresentadas pelos leitores. O impacto de sua poesia nas entranhas, no sistema nervoso e no inconsciente é o que o interessa acima de tudo. Assim, é irônico que Eliot seja visto com grande frequência como um autor intimidadoramente intelectual. Seus poemas estão repletos de simbolismos enigmáticos e referências eruditas. Mas "intelectual" seria uma das últimas palavras a descrever sua poesia. Seus poemas são compostos mais por palavras, imagens e sensações do que por ideias. Na verdade, ele não acreditava que um poeta conseguisse pensar em sua poesia.

Fiel a esse anti-intelectualismo, certa vez Eliot comentou que seu leitor ideal seria o de pouca instrução. Ele mesmo dizia que gostava de Dante no original, sem saber ler italiano. Bobos como somos, podemos achar que não fazemos a menor ideia do que se passa em "A terra desolada" e nos *Quatro quartetos*, mas em algum nível subliminar estamos entendendo o tempo inteiro. Entre outras coisas, isso acontece porque os que têm a sorte de morar na Europa fazem parte de uma coisa chamada a Mentalidade Europeia, quer saibam disso ou não. Mas provavelmente um pescador indonésio também captaria o significado de "A terra desolada", pois tem conhecimento intuitivo dos grandes arquétipos espirituais em que o poema se baseia. Pode ser que ajudasse se ele soubesse ler inglês, embora talvez não seja essencial. Que se possa entender "A terra desolada" sem sequer tentar é uma notícia reconfortante para todos os que estudam literatura. Talvez o mesmo se aplique à Teoria Geral da Relatividade. Quem sabe não somos todos físicos nucleares, em algum recôndito de nossas entranhas.

Há mais uma razão para que a ideia de personagem, como era entendida por Balzac ou Hawthorne, não pareça mais viável nos tempos modernos. É porque os seres humanos, numa era de comércio e cultura de massa, vêm a parecer cada vez mais anônimos e indiferenciados. É bastante fácil distinguir entre Otelo e Iago, mas não entre Vladimir e Estragão, de Beckett. Os personagens de "A terra desolada", como notou o próprio Eliot, não se diferenciam realmente uns dos outros. Leopold Bloom, como vimos, é nitidamente individualizado, mas é também um Homem Comum anônimo com pensamentos e sentimentos que poderiam ser praticamente de qualquer um. A mente dele é grandiosamente banal. As figuras em Virginia Woolf tendem a se dissolver umas nas outras, conforme as sensações e sentimentos passam como vibrações de um indivíduo ao próximo. Está ficando cada vez mais difícil identificar o possuidor de uma experiência particular. *Finnegans Wake*, de Joyce, traz uma espécie de personagens, mas, como figuras num sonho, parecem se fundir, se dividir, se dissolver e se recombinar incessantemente, secretando dentro deles mesmos um leque inteiro de eus fraturados e identidades provisórias. Em boa parte das obras modernistas, pode-se dizer que o verdadeiro protagonista é não este ou aquele personagem, mas a própria linguagem.

***

Agora vejamos em maior detalhe um personagem literário específico. Sue Bridehead, em *Judas, o obscuro*, de Thomas Hardy, está entre os retratos femininos mais assombrosamente originais da prosa vitoriana. No entanto, o romance monta uma armadilha para o leitor incauto. É como se tentasse induzi-lo a ver Sue como uma mulher pérfida, namoradeira e exasperantemente volúvel, e muitos leitores morderam a isca. Como escreve um crítico implacável de Sue:

> No frigir dos ovos, não há muito o que se dizer em sua defesa. Tendo apressado a morte do primeiro amante, Sue cativa Judas para desfrutar da emoção de ser amada, e então, por motivos dúbios e com um distanciamento estranhamente mecânico, contrai casamento com Phillotson, tratando Judas com uma insensibilidade espantosa. Recusando-se a dormir com Phillotson, ela o abandona em favor de Judas, destroçando temporariamente a carreira do mestre-escola, e também se recusa a dormir com Judas. Então concorda em se casar com ele, por ciúme de Arabella, muda de ideia e por fim volta para Phillotson, deixando Judas à morte... O problema é como chegar a sentir que Sue é mais do que uma simples moleca malvada, cheia de estratagemas mesquinhos e beicinhos provocadores, pois parece inegável que, em certo nível, essa é uma descrição precisa.

Quando escrevi essas palavras uns quarenta anos atrás, no prefácio da edição da *New Wessex*, elas me pareciam incontestáveis, mas hoje me parecem lastimavelmente equivocadas. Sue não é cheia de beicinhos e amuos provocadores. Faz beicinho só uma vez no romance, e não de forma provocadora. E tampouco é maquinadora, como sugere a expressão "cheia de estratagemas mesquinhos". E não é nada claro que tenha "apressado" a morte do primeiro amante. Ele diz que ela lhe partiu o coração, mas a acusação é desproposital. Não são muitos os que morrem dessa enfermidade, mesmo quando já estão gravemente doentes, como parece ser o caso do primeiro amante de Sue. E ela tampouco trata Judas com "uma insensibilidade espantosa". Não foi por culpa dela que Phillotson perdeu o emprego. Esse trecho é um amontoado de inverdades. Se Sue estivesse viva hoje em dia, poderia entrar com uma ação por difamação. Mas poderia ganhar uma indenização muito maior por danos morais de D.H. Lawrence, que a rotula, em seu *Estudo de Thomas Hardy*, de "quase uma virago", "uma espécie de bruxa megera" que adere ao "princípio masculino" e "mal [é] uma mulher sob qualquer aspecto". Aliás, de modo bastante estranho, Lawrence também a acusa de ser "fisicamente impotente". Assim, Sue é de fato um homem, mas um homem que não é homem de fato. Difícil uma confusão sexual maior do que essa.

Vá lá (para fazer um pouco de justiça à versão juvenil de mim mesmo) que apresentei essa versão de Sue apenas como uma das leituras possíveis. E é verdade que ela pode ser ciumenta, caprichosa e exasperantemente incoerente. Mas não são propriamente crimes muito grandes. Grande parte da conduta de Sue é compreensível, ao vermos que é motivada por um profundo medo da sexualidade. Não porque seja uma vitoriana cheia de pudores, mas exatamente pela razão contrária. É uma jovem esclarecida, com ideias audaciosamente avançadas sobre o casamento e o sexo. Também é meio cética em matéria de religião. A ironia é que ela se acautela com a sexualidade justamente por causa de suas ideias progressistas. Vê o casamento e o sexo como armadilhas que roubam a independência das mulheres, e o próprio romance sustenta plenamente essa sua opinião. "Será", disse

Personagem

[Judas], "que a culpa é das mulheres ou do sistema artificial das coisas, em que os impulsos sexuais normais são convertidos em diabólicas ciladas e armadilhas domésticas para prender e tolher as que desejam avançar?"

(Se algum dia alguém falou assim na vida real é outra questão.) Se Sue tenta desmentir seu amor por Judas, com consequências catastróficas para ambos, não é por ser insensível, mas por reconhecer que o amor, naquelas condições sociais, é indissociável do poder opressor. A sexualidade é uma questão de subjugação. Como Hardy escreve em *Longe da multidão*, "é difícil para uma mulher definir seus sentimentos numa linguagem que é feita principalmente pelos homens, para expressar os deles".

Se Sue acha difícil assumir compromisso com Judas, não é porque é uma namoradeira, mas porque dá valor à sua liberdade. Ao que nos diz o romance, ela cresceu como uma espécie de moleca, e essa qualidade assexuada ou hermafrodita que a coloca além do pálido comportamento sexual convencional dificulta-lhe ainda mais entender os sentimentos eróticos masculinos por ela. Por isso, pode feri-los sem querer. Preferiria que fossem simplesmente amigos. O romance tem uma lucidez extraordinária ao ver que as instituições sexuais da sociedade tardovitoriana destruíram a possibilidade de camaradagem entre homens e mulheres. Parte da aparente teimosia de Sue deriva do fato de que suas concepções sexuais avançadas são inevitavelmente um tanto teóricas. A emancipação feminina ainda está numa fase inicial. Assim, suas convicções podem sucumbir facilmente às pressões sociais. Ela é expulsa do colégio por conduta imprópria, e então, alarmada com o clamor público que isso desperta, tenta acertar os ponteiros com a opinião respeitável casando-se com Phillotson, figura levemente repulsiva. O resultado, como era de se prever, é um desastre.

Ao longo de todo o livro, Sue mostra baixíssimo apreço por si mesma. É uma mulher muito mais admirável do que imagina, e o romance nos permite ver a discrepância entre o que ela é e sua própria desvalorização pessoal. Quando um filho adotivo de Judas e Sue enforca os outros filhos e então se mata, ocorrência que o romance nem sequer tenta deixar minimamente convincente em termos realistas, a desconsideração de Sue por si mesma é levada a um extremo patológico. "Gostaria de me perfurar inteira com alfinetes", exclama Sue, "e fazer sangrar a ruindade que há em mim!" Abalada pelo sentimento de culpa e horror a si mesma, ela abandona Judas e volta para Phillotson, deixando Judas à morte, sozinho e infeliz. Notei esse fato no prefácio, mas não mencionei que Sue deixa o companheiro pela razão mais compreensível do mundo. Não chega a surpreender que uma mulher que acaba de perder os filhos daquela maneira grotesca e, de todo modo, é alvo de maldosa censura pública interprete a morte dos filhos como um castigo divino por sua vida boêmia e se submeta enfim à ortodoxia moral. É compreensível ainda mais porque a emancipação sexual de Sue ainda está em fase incerta e embrionária. É um processo em andamento, não uma posição já conquistada. Como poderia ser de outra maneira, sendo ela obrigada a seguir sozinha, sem nenhum apoio da sociedade em geral, enfrentando muitos preconceitos e grande hostilidade?

O trágico no romance é que Sue e Judas tentam viver numa relação de camaradagem, mas acabam sendo impedidos pelo poder do patriarcado. Mesmo um amor profundo e constante como o deles é condenado pelo sistema. "A sexualidade é manchada de sangue", observa um comentador do livro. Esse romance de extrema coragem trata não só das ciladas e ilusões da sexualidade, mas de sua própria impossibilidade. Apesar disso, nega-se a aceitar que o casal estivesse de alguma maneira fadado ao fracasso. Não tem nada a ver com a Natureza, a Providência ou um Deus malévolo. A tentativa foi prematura, só isso. A história ainda não estava preparada para ela. O mesmo se aplica à infeliz tentativa de Judas de entrar, sendo um operário, na Universidade de Oxford. Esse projeto tampouco estava previamente condenado; era cedo demais, como ele mesmo vem a reconhecer. Após sua morte, não demorou muito e foi criada em Oxford uma faculdade para as classes trabalhadoras, a qual existe até hoje. Em todo caso, o romance sugere com desapaixonado realismo que não valia a pena que o herói tentasse irromper naquele projeto obscurantista conhecido como Universidade de Oxford. Aos olhos de Hardy, fazer a manutenção dos muros das mesmas faculdades que o deixaram de fora, um dos serviços de Judas, tem mais serventia do que a maior parte do saber que se encerra dentro deles.

Uma das razões pelas quais os críticos costumam ver Sue como uma mulher frígida e neurótica é que ela é mostrada sobretudo por olhos alheios. Não temos muito acesso a ela, interiormente. Durante boa parte da narrativa, ela existe em função da experiência de Judas, e não como personagem de direito próprio. Se parece tão misteriosamente opaca, em parte é porque ela vem filtrada pelas necessidades, desejos e ilusões do protagonista. Como disse um crítico, ela é tomada mais como instrumento da tragédia de Judas do que como vítima de sua própria tragédia. Não admira que, após a morte de Judas, ela não apareça mais. Nesse sentido, o próprio romance é cúmplice na marginalização de sua heroína. Mas é também de uma extraordinária perspicácia ao apresentá-la.

✳✳✳

Judas, o obscuro pede nossa solidariedade para com Sue Bridehead, mas também quer nos mostrar o quanto ela escapa a uma compreensão simples. Se ninguém no romance consegue possuí-la realmente, o mesmo vale para os leitores. Somos instados a sentir pena de Sue, mas não de uma maneira que explique suas incoerências. Alguns outros personagens do livro, e às vezes o próprio Judas, se enganam ao tomar o caráter esquivo de Sue como exemplo do eterno enigma da Mulher. Mas, de modo geral, o romance recusa essa perspectiva condescendente. O "mistério" de Sue nasce da natureza complexa e contraditória da sexualidade numa ordem social que lhe impõe finalidades opressoras.

Inúmeras obras realistas convidam o leitor a se identificar com seus personagens. Espera-se que sintamos como é ser outra pessoa, mesmo que não gostemos muito da ideia de sermos efetivamente esse outro alguém. Permitindo-nos recriar imaginariamente a experiência de outros seres humanos, o romance realista amplia e aprofunda nossas afinidades humanas. Nesse sentido, é um fenômeno moral sem precisar moralizar. É moral, pode-se dizer, em virtude da forma, não apenas do conteúdo. George Eliot é uma autora que, de fato, moraliza demais para o gosto moderno, mas era exatamente assim que ela enxergava a forma do romance. Como escreve numa carta:

> O único efeito que desejo ardorosamente criar com meus escritos é que os leitores se tornem mais capazes de *imaginar* e *sentir* as tristezas e as alegrias daqueles que são diferentes deles em todas as coisas, exceto no fato geral de serem criaturas humanas que lutam e erram.

Para Eliot, a imaginação criadora é o contrário do egoísmo. Ela nos permite entrar na vida interior dos outros, em vez de ficarmos distantes, encerrados em nossa própria esfera pessoal. Assim, o artístico está muito próximo do ético. Se conseguíssemos captar o mundo do ponto de vista de outras pessoas, entenderíamos melhor como e por que elas agem de tal ou tal maneira. E então teríamos menor propensão a censurá-las de algum ponto de vista altivamente exterior.

Esse caridoso argumento é muito louvável. Mas é também muito equivocado. Em primeiro lugar, nem toda arte literária é um convite para nos identificarmos com seus personagens. Em segundo lugar, a empatia não é a única forma de compreensão. Na verdade, tomada ao pé da letra, a empatia não é uma forma de compreensão de maneira alguma. Se eu "me torno" você, perco minha faculdade de saber como você é. Quem vai se encarregar, então, da compreensão? Além disso, vamos ter de sentir empatia com umas figuras horrorosas, como Drácula, ou a sra. Norris em *Mansfield Park*? (Até existem algumas pessoas seriamente bizarras que adorariam ser vampiro, mas em geral preferimos ser Ulisses ou Elizabeth Bennet.) Seja como for, se eu "me torno" Heitor ou Homer Simpson, só vou conseguir compreendê-los se eles compreenderem a si mesmos, o que não parece ser o caso de Homer. D.H. Lawrence se mostra especialmente sarcástico em relação à empatia em seus *Estudos de literatura americana*. "Tão logo Walt [Whitman] *conhecia* alguma coisa", escreve Lawrence, "assumia uma Identidade Una com ela. Se ficava sabendo que um esquimó estava sentado num caiaque, imediatamente lá se punha Walt a ser baixinho, amarelo e gorduroso, sentado num caiaque." O acerto crítico sobrevive ao eventual racismo.

Sófocles não nos convida à empatia com Édipo. A peça quer que a gente sinta piedade pelo protagonista condenado, mas há uma diferença entre sentir por alguém (simpatia) e se sentir como alguém (empatia). Se nos fundirmos imaginariamente com Édipo, como poderemos julgá-lo? No entanto, esta é uma parte importante da crítica. Para julgar, é preciso manter-se a alguma distância de algo, o que é compatível com a simpatia, mas não com a empatia. A arte literária da Grécia antiga não nos pede para sentir como é ter uma espada atravessando a barriga ou um monstro no ventre. Pelo contrário, ela apresenta personagens e acontecimentos à nossa avaliação. É também o que faz um autor neoclássico como Henry Fielding. O que se espera é que o leitor observe Tom Jones com olhar divertido, irônico, simpático, e não que vá para a cama com ele. Já tem gente demais lá com ele.

O dramaturgo marxista Bertolt Brecht, escrevendo na época de Hitler, considerava que a empatia com os personagens no palco podia embotar nossas faculdades críticas. E isso, a seu ver, era extremamente conveniente para os ocupantes do poder. A empatia elevava o sentimento acima da razão crítica. Como marxista, Brecht também acreditava que a existência social era composta de contradições e que essas contradições atingiam o cerne da identidade de cada um. Mostrar as pessoas como realmente são é mostrá-las como seres variáveis, divididos, incongruentes. A ideia de um caráter ou personagem uno e coerente, para Brecht, era uma ilusão. Reprimia os conflitos internos que podiam contribuir para a transformação social. Num de seus contos, Herr Keuner, que passara muitos anos longe de sua terra, volta para casa e os vizinhos lhe informam alegremente que ele não mudou nada. "Herr Keuner", escreve Brecht, "estava de cabelos brancos." Por trás do conceito de personagem de Scott ou de Balzac, está um determinado tipo de política; por trás do de Brecht, está outro diferente. Foi o único indivíduo na história que foi expulso do partido comunista dinamarquês antes mesmo de se filiar a ele.

Além de ser apenas uma das maneiras de abordar o personagem, a simpatia imaginária também tem algumas limitações mais gerais. Praticamente todo mundo na face da Terra parece considerar a expressão "a imaginação criativa" como algo inequivocamente positivo, como "Vamos para Marrakech amanhã" ou "Tome outra Guinness". Mas a imaginação não é inequivocamente positiva, de maneira alguma. O assassinato em série exige uma grande dose de imaginação. A imaginação é capaz de projetar todas as espécies de cenários mórbidos, sombrios, além dos positivos. Toda arma letal inventada no mundo foi fruto da imaginação. Considera-se a imaginação como uma das mais nobres faculdades humanas, mas ela também guarda uma desalentadora afinidade com a fantasia, que geralmente é classificada entre as mais baixas.

De todo modo, tentar sentir o que você está sentindo não vai necessariamente aprimorar meu caráter moral. Um sádico gosta de saber o que a vítima está sentindo. Alguém pode precisar saber como você se sente para explorá-lo melhor. Os nazistas mataram judeus não porque não conseguissem se identificar com o que os judeus sentiam. Estavam pouco se importando com o que eles sentiam. Não posso viver as dores do parto, mas isso

Personagem

não significa que sou empedernido e indiferente a quem passa por elas. A moral tem pouquíssimo a ver com o sentimento, em todo caso. O fato de sentir náusea ao ver alguém com a cabeça estraçalhada ao meio por um tiro pouca diferença faz se você tenta socorrê-lo. Inversamente, se você sentir grande compaixão por alguém que acaba de cair num bueiro e se apressar em tomar outro caminho para não precisar tirá-lo dali, não vai conquistar muitos prêmios de humanitarismo.

Às vezes entende-se a literatura como uma forma de experiência "vicária". Não sei como é ser uma jararaca, mas um bom conto sobre uma jararaca talvez me permita vencer minhas limitações a esse respeito. Mas não há nenhum valor especial em saber como é ser uma jararaca. Ações imaginárias não têm valor em si mesmas. Não vou dar nenhuma demonstração de minha sublime criatividade se passar grande parte do dia imaginando como eu me sentiria se fosse um aspirador de pó. Não sentiria nada, se fosse um aspirador de pó. E nem sempre o imaginário é preferível ao real. Supor que o é, como fazem alguns românticos, indica uma atitude curiosamente negativa em relação à realidade cotidiana. Sugere que o que não existe é sempre mais fascinante ou deslumbrante do que o que existe. Talvez seja verdade se estivermos pensando em Donald Trump, mas não se estivermos pensando em Nelson Mandela.

Não há dúvida de que, lendo literatura, podemos ampliar nossa experiência de maneira muito proveitosa. Só que também pode ser uma forma de compensar algumas deficiências que poderíamos corrigir na própria realidade. Quem tem tempo e dinheiro suficiente pode ir, por exemplo, explorar as montanhas entre o Paquistão e o Afeganistão. A maioria dos habitantes do planeta não tem recursos para se entregar a tais experiências e não se disporia muito a entrar na Al-Qaeda só para poder conhecer a região de graça. Então precisam resignar-se a ler livros de viagem. Se houvesse uma distribuição de riqueza mais igualitária, muito mais gente teria condições de ir enxamear a região, desde que se dispusesse a levar uns tiros. Uma das vantagens de ler em casa um guia da Lonely Planet é que provavelmente ninguém vai nos enfiar uma bala por estarmos ali. No século XIX, às vezes recomendava--se literatura para as classes trabalhadoras para sentirem como era sair à caça a cavalo ou se casar com um visconde, já que não podiam fazer essas coisas na vida real. Existem argumentos mais convincentes para recomendar a leitura de poemas e romances.

CAPÍTULO 3

Narrativa

Alguns narradores literários são chamados de oniscientes, no sentido de que supostamente sabem tudo sobre a história que estão contando e o leitor não deve questionar o que dizem. Se um romance começa com "Imponente, roliço, Buck Mulligan apareceu no alto da escada, portando uma vasilha de espuma de barba, com um espelho e uma navalha por cima", seria inútil o leitor exclamar: "Não apareceu, não!", "Como você sabe?" ou "Não me venha com essa!". O fato de termos acabado de ler a palavra "Romance" na página de rosto invalida esse questionamento. Espera-se que nos curvemos à autoridade do narrador. Se ele nos conta que Mulligan estava segurando uma vasilha com espuma de barba, embarcamos obedientes na ilusão de que assim era, tal como embarcamos na ilusão do garotinho dizendo que é o presidente do Fundo Monetário Internacional, se isso lhe der prazer por alguns instantes.

    Curvar-se à autoridade do narrador, porém, não é muito arriscado, pois não estamos apostando grande coisa. Não estão nos pedindo realmente que acreditemos que existia alguém chamado Buck Mulligan segurando uma vasilha de espuma de barba. Seria mais correto dizer que estão nos pedindo para fazer de conta. Tendo visto a palavra "Romance" ou simplesmente sabendo que se trata de um texto de ficção, sabemos também que o autor não está tentando nos enganar e nos fazer crer que aquilo aconteceu realmente. Não está afirmando aquilo como uma proposição sobre o mundo real. Contam que um bispo setecentista estava lendo *As viagens de Gulliver*, de Jonathan Swift, quando então jogou indignado o livro no fogo da lareira, dizendo que não acreditava numa palavra. Evidentemente, ele pensava que a história pretendia ser real e desconfiou que era inventada. Claro que era. O bispo descartou a história inventada porque achou que era inventada.

Se a afirmação sobre Mulligan não pretende nos enganar, pode-se dizer, o que é bastante curioso, que ela não é verdadeira nem falsa. Isso porque somente as asserções sobre a realidade podem ser verdadeiras ou falsas, e essa frase não é uma dessas asserções. Apenas parece ser. Tem a forma, mas não o conteúdo, de uma asserção sobre a realidade. Assim, não se espera que a gente acredite nela, mas também não se espera que a gente exclame "Deixe disso!" ou "Que monte de besteira!". Essa reação implicaria que o autor pretendia afirmar algo genuíno sobre o mundo, o que, evidentemente, não é o caso. Da mesma forma, "Bom dia" pode parecer uma proposição sobre a realidade ("Está fazendo um bom dia"), mas na verdade é um cumprimento expressando um desejo ("Espero que você tenha um bom dia"). E isso não pode ser verdadeiro nem falso, tal como "Me poupe!", "Que foi, nunca viu?", "Seu trapaceiro de uma figa". Não é verdade que existiu um estudante russo homicida chamado Raskolnikov nem um vendedor maltrapilho chamado Willy Loman. Mas afirmar tais coisas numa obra literária tampouco é falso, visto que a obra não afirma que eles existiram.

Os narradores oniscientes são vozes sem corpo, e não personagens específicos. À sua maneira anônima e inidentificável, agem como a mente da própria obra. Apesar disso, não devemos supor que eles expressam os pensamentos e sentimentos do autor real. Já vimos um exemplo disso nas linhas iniciais de *Uma passagem para a Índia*, de E.M. Forster, que são enunciadas por um narrador onisciente, mas que registram atitudes que poderiam ser ou não as de Forster. A cidade de Chandrapore não existe, e assim

Forster não pode ter opinião alguma sobre ela. Pode ter noções sobre a Índia em geral, mas o que ele escreve nesse trecho tanto pode ser reflexo dessas suas ideias como também um recurso para obter determinado efeito literário. Raramente existe alguma relação simples e direta entre os autores e as obras. *O arado e as estrelas*, peça de Sean O'Casey, troça impiedosamente de um personagem chamado Covey, que vive despejando um palavrório marxista e insiste que a luta do proletariado deve ter precedência sobre a libertação nacional. Mas o próprio O'Casey era marxista e acreditava exatamente no que Covey prega. *Um retrato do artista quando jovem*, de Joyce, termina com o protagonista elaborando um longo e erudito arrazoado sobre estética, com pontos que, sabemos com bastante certeza, Joyce não aceitava. Mas o romance não nos diz isso.

Há vezes em que não fica muito claro quem é o narrador numa obra literária. Veja-se, por exemplo, essa passagem de *Henderson, o rei da chuva*, romance de Saul Bellow:

> A luz do dia entrava por uma abertura estreita por cima da minha cabeça; essa luz, originalmente, era amarela, mas ficava cinzenta pelo contato com as pedras. Na abertura, havia dois espigões de ferro para impedir que até mesmo uma criança se esgueirasse por ali. Examinando minha situação, encontrei uma pequena passagem entalhada no granito, que descia até outro lance de degraus, que também eram de pedra. Eram mais estreitos e desciam a uma maior profundidade, e logo apareceram quebrados, com mato nascendo e terra saindo pelas rachaduras. "Rei", chamei eu, "ô Rei, você está aí, Alteza?" Mas não veio nada lá de baixo, a não ser umas lufadas de ar quente que erguiam as teias de aranha. "Qual é a pressa do cara?", pensei...

O trecho é supostamente narrado por Henderson, o herói do livro. Mas Henderson é um americano rude e despachado, bem capaz de dizer "ô Rei" ou "Qual é a pressa do cara?", mas que dificilmente teria veia poética para falar na luz amarela que se torna cinzenta pelo contato com as pedras. E tampouco seria capaz de escrever uma prosa relativamente formal como "Examinando minha situação, encontrei uma pequena passagem entalhada no granito...". É uma narração híbrida, na qual a voz de Henderson se entretece com os tons mais sofisticados do próprio autor. O alcance linguístico do romance ficaria limitado demais se não pudesse ir além da consciência do protagonista. Mas também precisa deixar que transpareça o estilo de seu linguajar.

Eu disse que, em princípio, os narradores oniscientes sabem tudo o que há para se saber na história, mas há algumas exceções à regra. Um narrador, por exemplo, pode simular ignorância de algo no relato. Numa medíocre história de detetive chamada *As pegadas na fechadura*, um dos personagens acende um cigarro vagabundo e o autor, um tanto esnobe, finge desconhecer a marca. Eu digo "finge", mas não é que ele realmente saiba e esteja escondendo. Se não se diz a marca ao leitor, não há marca. Temos aqui um exemplar daquele fenômeno raro, um cigarro sem marca (deixo de lado a questão dos cigarros enrolados à mão). É possível ter esses cigarros na literatura, assim como se pode ter um sorriso sem um gato, uma avestruz que fala albanês ou alguém que está tomando uísque em Birmingham, na Inglaterra, e ao mesmo tempo fazendo uma cirurgia cerebral em Birmingham, no Alabama. Sob esse aspecto, a vida real não é tão divertida e variada. Como observou Oscar Wilde, na arte uma coisa pode ser verdade e o contrário também. É mais prática do que a vida cotidiana. Podemos lembrar as frases finais do romance *Molloy*, de Samuel Beckett: "É meia-noite. A chuva está batendo na janela. Não era meia-noite. Não estava chovendo".

Além dos oniscientes, também existem os narradores inconfiáveis. A governanta que narra *A volta do parafuso*, de Henry James, é quase certamente louca. James faz um jogo tortuoso com o leitor, dando-nos razões suficientes para acreditar no relato da governanta, mas ao mesmo tempo lançando leves insinuações que bastam para sugerir que não devemos acreditar nela. Já vimos que a narrativa de Nelly Dean, em *O morro dos ventos uivantes*, não é totalmente confiável. Jane Eyre conta uma história tingida de orgulho, ressentimento, inveja, ansiedade, agressividade e oportunismo. Alguns narradores de Joseph Conrad chamam a atenção para as limitações de suas capacidades de interpretação. Às vezes têm apenas uma percepção vaga e intermitente do que se passa nas histórias que estão contando. O narrador conradiano de *Sob os olhos do Ocidente* é um desses casos, bem como os narradores de *O bom soldado*, de Ford Madox Ford, e de *Doutor Fausto*, de Thomas Mann. É possível que esses narradores captem o significado da história menos do que o próprio leitor. Podemos ver o que eles não veem, e talvez até a razão pela qual eles não o veem.

Um narrador notoriamente inconfiável é o herói de *As viagens de Gulliver*, de Jonathan Swift. Gulliver, que parece nunca aprender nada com suas viagens, é, além de inconfiável, meio palerma. Todos os narradores palermas são inconfiáveis, mas nem todos os narradores inconfiáveis são palermas. Gulliver age como o foco da sátira do livro, mas, numa clara tática dupla, é também o alvo da sátira. Ele pode mostrar um entusiástico afã em se identificar com as criaturas exóticas entre as quais se encontra. Em Lilliput, por exemplo, ele abraça com demasiada rapidez os padrões dessa nação de criaturas minúsculas. Em certo ponto, nega ardorosamente a acusação de ter mantido relações sexuais com uma lilliputiana de poucos centímetros de altura. Deixa de apontar em sua defesa a mera e óbvia impossibilidade do fato. Também sente um tolo orgulho pelo título que essas criaturinhas lhe conferem. Em suma, Gulliver é meio bobo.

Swift era anglo-irlandês; assim, não se sentia plenamente à vontade nem na Irlanda nem na Inglaterra. Uma maneira de resolver esse dilema, como descobriria Oscar Wilde, é se tornar mais inglês do que os ingleses, estratégia que se reflete no comportamento obsequioso de Gulliver. Perto do final, tendo vivido por algum tempo entre o povo equino dos houyhnhnms, ele aparece trotando e relinchando por ali. Não são muitos os narradores que aparecem perdendo a cabeça dentro da própria narrativa. Em outras vezes, porém, Gulliver se mostra totalmente deslocado entre os costumes da região, como um inglês cabeçudo e presunçosamente cego a seus próprios preconceitos culturais. Ele está sempre afastado demais ou envolvido demais. Swift usa o narrador para denunciar a crueldade e a corrupção dos outros, mas também o cobre de ridículo dentro de sua própria narração.

Quando se conta uma história do ponto de vista de um determinado personagem, nem sempre é fácil deixar essa perspectiva. Uma obra literária escrita do ponto de vista de uma rã corre o risco de ficar presa num mundo como que de rãs. É difícil erguer-se acima da consciência do próprio narrador. Não há muitos narradores que sejam rãs, mas vários são crianças. Isso pode ter seus encantos, como no caso do garoto narrador de *O apanhador no campo de centeio*, tão amado pelos leitores, mas também pode ter lá seus problemas. Enxergar o mundo do ponto de vista infantil pode mostrá-lo de uma maneira pouco usual e bastante reveladora. Os objetos podem ser vistos com peculiar frescor e imediaticidade, como bem sabe Wordsworth. Mas a visão de uma criança é naturalmente restrita. (Uma exceção notável a essa regra é Maisie Farange, do romance *Pelos olhos de Maisie*, de Henry James, menina que parece quase tão onisciente quanto o autor.) David Copperfield, de Dickens, conta que, quando menino, podia ver as coisas em partes, mas não em conjunto. Ironicamente, é assim que o próprio Dickens tende a enxergar. A visão infantil da realidade pode ser vívida, mas é fragmentária, da mesma forma como, frequentemente, enxerga Dickens. Assim, não deixa de ser curiosamente apropriado que tantas vezes ele enxergue o mundo pelos olhos de uma criança.

A visão limitada dos narradores infantis significa que nem sempre conseguem ter uma percepção coerente de suas experiências. Isso pode levar a algumas situações divertidas ou alarmantes.

Mas também significa que um personagem como Oliver Twist pode não entender o sistema sob o qual está sofrendo. O que ele quer é apenas algum auxílio imediato, impulso este com o qual nos solidarizamos naturalmente. Mas, sem alguma compreensão do funcionamento do sistema e da possibilidade de transformá-lo, vai sempre aumentar o número de crianças olhando a pança do sr. Bumble e querendo mais mingau. Nesse seu primeiro romance, o próprio Dickens parece incapaz de entender que, aqui, há mais coisas em questão do que a crueldade dos indivíduos ou a pura necessidade de sobrevivência. O que está em questão é a lógica impiedosa de toda uma sociedade, como Dickens viria a reconhecer mais tarde. Examinaremos isso mais adiante, no caso de *Grandes esperanças*.

Alguns narradores são inconfiáveis a ponto de serem francos trapaceiros. O narrador da novela de suspense de Agatha Christie, *O assassinato de Roger Ackroyd*, é o próprio assassino, mas a autoridade de que está investido pelo fato de narrar a história nos despista. O assassino numa história de detetive geralmente fica oculto, mas oculto pelo enredo, não pelo ato de narrar. Em *O terceiro tira*, de Flann O'Brien, ficamos sabendo no final que o narrador já estava morto na maior parte do romance, assim como ficamos espantados ao descobrir no final de *Pincher Martin*, de William Golding, que Martin, o narrador da história, se afogou na primeira página.

Quem declara o poema "À sua recatada dama", de Andrew Marvell, é um homem visivelmente perseguido pelo medo da morte, que insiste com sua amada para que vença o recato de donzela e façam amor antes de irem ambos para o túmulo. Ele não é propriamente um narrador inconfiável, mas tanto a dama quanto o leitor fariam bem em ter prudência e desconfiar dos motivos dele. Está realmente perturbado com a brevidade da vida e do amor ou apenas tenta levá-la para a cama? Será esta a cantada mais intelectual nos anais da história? O eu poético está falando a sério com suas ruminações sobre a mortalidade, ou é um mero artifício para persuadir a amada a se entregar aos prazeres da carne enquanto ainda tem alguma carne a que se entregar? O poema não nos dá essa escolha. Pelo contrário, ele permite que as alternativas convivam numa espécie de tensão irônica, jocosa e insistente ao mesmo tempo. Talvez nem o próprio narrador saiba até que ponto está falando a sério.

Existem algumas discussões entre os críticos sobre se Thady Quirk, o narrador do romance *Castelo Rackrent*, de Maria Edgeworth, é confiável ou não. Thady é um criado da família aristocrática irlandesa Rackrent e, segundo todas as aparências exteriores, é um velho servo leal. Ele conta a história dos patrões bêbados e cruéis com obsequiosa afeição. Demonstra ao longo de todo o livro uma simpática indulgência diante dos vícios de seus superiores, entre os quais se incluem pequenas e ternas fraquezas como, no caso de Sir Kit Rackrent, manter a esposa aprisionada no quarto durante sete anos. Assim, pode-se entender que o romance satiriza a maneira como os criados podem ser levados a se acumpliciar com os patrões, cumplicidade que é de interesse muito maior para os patrões do que para eles mesmos. Nesse sentido, o romance é uma fábula sobre lealdades equivocadas.

Mas não é a única leitura possível. Também podemos ver Thady como um exemplar do camponês irlandês rebelde, escondendo astuciosamente o desafeto sob uma máscara de servilismo. Talvez esteja agindo secretamente para derrubar os latifundiários e procurando promover o velho sonho gaélico de retomada popular das terras. Há algumas pistas no romance sugerindo esse plano. Thady comete uma série de lapsos e erros grosseiros, mas vantajosos para si, que podem ser mais intencionais do que parecem. No final da história, seu filho Jason consegue pôr as mãos nas propriedades dos Rackrent, talvez com a conivência secreta do pai. Nesse caso, Thady está enganando não só os patrões mas também o leitor, ao qual nunca permite entrar em sua confiança. Sob esse ângulo, ele é um estereótipo do camponês irlandês dúplice e bajulador, que de dia jura lealdade ao senhor e à noite vai furtivamente mutilar o gado. Mas, em outra leitura ainda, Thady está enganando mais a si mesmo do que ao leitor. Num exemplo clássico de autoilusão, ele acredita ser leal aos Rackrent, mas está inconscientemente tramando a derrubada deles. Por mais que sua narrativa procure atenuar o horror da conduta dos patrões, ela os denigre involuntariamente no próprio ato de fazê-lo. Existem, portanto, várias versões possíveis sobre o comportamento de Thady. Não se faculta ao leitor a possibilidade de escolher entre elas.

Uma narração onisciente em terceira pessoa é uma espécie de metalinguagem, significando que, pelo menos na literatura realista, ela não pode ser objeto de crítica ou comentário dentro da própria narrativa. Como esta é a voz da própria história, parece impossível chamá-la em questão. A única alternativa se dá quando uma narrativa se detém para refletir sobre si mesma. Um famoso exemplo ocorre em *Adam Bede*, em que George Eliot interrompe a história para inserir um capítulo no qual avalia certas questões do realismo, a natureza do personagem, a apresentação ficcional de gente simples etc. Este, por assim dizer, é o romance refletindo sobre o romance. Essa metalinguagem ou essa sobreposição autoral não pode existir nos romances ditos epistolares, que consistem na correspondência trocada entre os personagens. E tampouco pode existir na maioria das obras de teatro, nas quais o que ouvimos é a fala dos personagens mais do que a da obra em si. Ben Jonson não pode intervir para nos dizer o que fazer com Volpone, como faz Thackeray em *A feira das vaidades*, para indicar que um dos personagens mais encantadores do livro é retardado mental.

Assim, fica mais difícil saber quais os pontos de vista que a peça aprova e quais rejeita. Tome-se o famoso discurso de Pórcia sobre a clemência em *O mercador de Veneza*, de Shakespeare:

A qualidade da clemência não é forçada;
Desce como a branda chuva dos céus

Sobre a terra. É duas vezes abençoada:
Abençoa a quem dá e a quem recebe.
É o poder em seu poder supremo; torna
O monarca no trono melhor do que a coroa...

Não é fácil resistir a tal eloquência. Apesar disso, a fala de Pórcia é bem mais interesseira do que pode parecer. Está decidida a resgatar um dos seus, o cristão veneziano Antonio, das garras de Shylock, um judeu detestável. Os cristãos da cidade não se notabilizam pela clemência diante desse sórdido forasteiro e, quando Shylock perder a ação contra eles, vão puni-lo com rigor. Agora, porém, rogam-lhe por intermédio de Pórcia, que se prontificou a ser a porta-voz, que desobrigue Antonio, o qual é visceralmente antissemita. Se querem que Shylock mostre clemência, é porque não estão dispostos a lhe fazer justiça. Shylock tem em mãos um documento legal, declarando que pode cortar uma libra de carne do corpo de Antonio; embora possa ser um acordo bárbaro, a libra de carne lhe é devida por lei. Além do mais, Antonio concordou com o trato. Até o considerou razoável nas circunstâncias.

Se a posição de Shylock, aferrando-se com teimosia à letra da lei, parece formalista, o mesmo se aplica ao ardil vitorioso de Pórcia, apontando que o contrato lhe permite tirar carne, mas não sangue. Nenhum tribunal de verdade admitiria tal excesso de minuciosidade. A lei deve operar de acordo com o entendimento comum, não com um detalhismo dúplice. Em todo caso, talvez não se possa forçar a clemência, mas a justiça se pode. As penas, por exemplo, devem ser proporcionais aos crimes. Ser clemente é, de fato, uma virtude, mas não deve troçar da justiça. Há várias razões para suspeitar que esse caso tem mais elementos do que sugere a fala de Pórcia. Mas, como não há uma voz narrativa que nos diga o que pensar, nós mesmos é que temos de tirar nossas conclusões.

Há um problema parecido no conselho de Polônio ao filho Laerte, em *Hamlet*, que termina com os famosos versos: "Acima de tudo, sê fiel a ti,/ E disso se segue, como a noite ao dia,/ Que não podes ser falso com ninguém". É de fato um bom conselho? E se você é um vigarista nato e decide ser fiel à sua natureza? Não há como saber o que Shakespeare, pessoalmente, pensava sobre essa recomendação paterna. Ela tem um ar sentencioso que, a alguns, pode parecer definitivo. Por outro lado, Polônio às vezes se sai com umas afirmações grandiosas que são de valor duvidoso. Talvez a peça esteja apenas zombando dele, como faz tantas vezes. Ou talvez, por um raro instante, ele tenha passado de sua habitual arrogância para uma percepção moral genuína. Também é possível que Shakespeare nem se tenha perguntado se o conselho lhe parecia sensato, ou se era sensato, mas equivocado. Talvez nem lhe tenha ocorrido a hipótese do trapaceiro nato. Não nos acanhemos em atribuir falhas ao Bardo. Afinal, nem sempre morremos de rir com suas comédias. Geralmente não precisamos sair carregados da *Noite de Reis*, em meio a acessos convulsivos de gargalhadas.

***

Os narradores oniscientes não precisam ficar intocados. Podemos desconfiar de seus preconceitos e pontos cegos. Vejam-se, por exemplo, as relações entre as narrativas e os personagens. Um romance pode idealizar indevidamente um dos personagens, assim como pode orientar o desenvolvimento da história favorecendo determinado ângulo. As obras de ficção podem, de maneira consciente ou inconsciente, revelar atitudes em relação aos personagens e acontecimentos que o leitor talvez queira questionar. Um crítico perspicaz comentou certa vez que Scobie, o protagonista de *O cerne da questão*, de Graham Greene, é mais e também menos admirável do que parece pensar o próprio romance. Não precisamos tomar a palavra de uma obra literária como se fosse o evangelho, embora não tenhamos outras palavras a não ser as dela mesma. Se um romance nos diz que a heroína tem olhos verdes com pintinhas, é difícil contestar. Se o romance sugere também que ela é a mulher mais impiedosa desde Lucrécia Bórgia, decerto vamos querer examinar a questão com base no que se mostra, e não no que se diz dela. Uma obra de ficção pode querer acreditar que seus personagens têm cabeça dura ou coração mole, ou que são francamente desprezíveis, mas sempre pode estar enganada. Mesmo sem perceber, às vezes nos fornece provas contrárias a tais juízos.

Filhos e amantes, de D.H. Lawrence, é um exemplo. O romance traz algumas críticas tácitas ao protagonista, Paul Morel, mas em larga medida enxerga o mundo do ponto de vista dele. Há uma cumplicidade secreta entre a narrativa e a figura central. De fato, em certos momentos a história parece ter sobre ele uma opinião melhor do que a que teríamos. Como o mundo é visto em grande parte pelos olhos de Paul, sua amante Miriam não ganha muito espaço. Gostaríamos de saber melhor como ela enxerga Paul, mas não nos é permitido. A narrativa, por assim dizer, aposta contra ela. É tendenciosa em sua própria estrutura, como logo apontou a Miriam de carne e osso. O mesmo se aplica a *O amante de Lady Chatterley*, de Lawrence, que se nega a dar a palavra ao fleumático Clifford Chatterley. Pelo contrário, ele é quase sempre apresentado externamente. Poderíamos tomar como contraste o sensível tratamento que Tolstói dá à insípida figura de Kariênin em *Anna Kariênina*. Também é muito diferente do tratamento que Lawrence dá a Gerald Crich, em *Mulheres apaixonadas*. Gerald representa muitas coisas que o autor abomina, mas, apesar disso, está magnificamente trabalhado. É mostrado por dentro, até onde tem algum interior espiritual a ser mostrado. Clifford Chatterley, inversamente, é reduzido a um estereótipo, para que o romance possa lhe dispensar o menor esforço possível. Também é incapacitado, e Lawrence não é propriamente admirável ao tratar de pessoas em cadeira de rodas.

Adam Bede, de George Eliot, permite algum acesso do leitor à vida interior de Hetty Sorrel, uma jovem trabalhadora que é seduzida pelo lascivo senhor local, tem um filho ilegítimo, mata a criança e acaba tendo de ser salva da forca. Boa parte desse grande drama é apresentada pelo exterior, como se Hetty não tivesse o tipo de profundidade interior que valesse a pena sondar. É mais um objeto de piedade do que uma figura trágica bem-acabada. Seu sobrenome "Sorrel" sugere *sorrow* [dor, sofrimento], mas também um tipo de cavalo, o que já não é tão respeitoso. A narrativa acaba despachando Hetty para o exílio, assim deixando o caminho desimpedido para que Adam, o herói do romance, possa escolher uma esposa de espírito mais elevado do que aquela leiteirinha de cabeça oca. Não se encontra essa abordagem unilateral no melhor romance de Eliot, *Middlemarch*, em que o narrador se conduz como um judicioso moderador num debate público, assegurando a palavra a todos os personagens. Mesmo o desumano Casaubon aparece como uma criatura de sentimentos, um ser sofredor. Aqui, ninguém monopoliza a palavra.

Encontra-se um paralelo do tratamento de Casaubon, de Eliot, em *Judas, o obscuro*, de Hardy. O romance nos instila certo desagrado por Phillotson, convencional e acomodado, com quem, como vimos, Sue Bridehead, de espírito independente, tem um casamento infeliz. Sue roga ao marido pela liberdade e, bem na hora em que achamos que esse cidadão de tão eminente respeitabilidade vai recusá-la, ele nos surpreende dizendo que Sue é livre para ir embora. Phillotson age assim apesar de seu apreço pela opinião pública e a despeito de sua profunda tristeza pessoal com a perda da mulher amada. Em decorrência de seu altruísmo, ele também perde o emprego de mestre-escola. Faz parte da rejeição do próprio romance ao convencionalismo que se negue a tratar esse personagem pouco sedutor como um bicho-papão. Pelo contrário, atribui-lhe uma reação generosa e elevada à infelicidade da esposa. Lawrence, provavelmente, não lhe concederia tal magnanimidade. Talvez mal reconhecesse nele qualquer vida interior.

Nesse sentido, os personagens de Hardy conseguem nos surpreender de uma maneira que raramente acontece com os personagens de Austen ou Dickens. Podem pular da janela de repente, se casar com indivíduos que detestam fisicamente, ficar sentados imóveis numa árvore por longos períodos, rasgar as roupas de baixo para salvar alguém preso num penhasco, vender a esposa na feira num súbito capricho, entregar-se a uma demonstração de virtuosismo na esgrima por nenhuma razão evidente. Judas recita bêbado o Credo num bar de Oxford, ocorrência certamente não muito frequente no local. Os romances de Hardy não parecem se constranger muito com a falta de realismo desses fatos ou sequer lhes dar alguma atenção especial. Contentam-se em permitir a coexistência de vários tipos de ficção, realistas e não realistas, entre suas páginas, sem tentar obrigá-los a seguir uma modalidade só.

O tratamento que Hardy dispensa a Tess Durbeyfield, em *Tess of the d'Urbervilles*, mostra um contraste interessante com o tratamento de George Eliot a Hetty Sorrel. Hardy está visivelmente apaixonado por sua heroína, tal como Samuel Richardson é um apaixonado por Clarissa, e seu objetivo é fazer justiça a essa jovem tão maltratada. Nesse sentido, a narrativa pode ser vista como uma maneira de reparar amorosamente a forma como alguns personagens do próprio livro exploram vergonhosamente a protagonista Tess. Tenta apresentá-la como mulher completa, em vez de idealizá-la como Angel Clare ou sensualizá-la como Alec d'Urberville.

É um empenho generoso, mas tem seus problemas. Se o livro procura mostrar Tess por dentro, também a toma como objeto de seu olhar amoroso, expondo-a a um exame similar do leitor. Como apontaram alguns críticos, a história tem dificuldade em enfocar a heroína. Procura torná-la transparente, mas, no esforço de enxergá-la com clareza, passa constantemente de uma voz ou de um ponto de vista a outro. Há algo em sua sexualidade que foge à representação. Em pontos cruciais da narrativa, como no momento em que Tess é seduzida, o leitor não tem acesso à sua consciência. Tess resiste à tentativa do narrador (implicitamente masculino) de se apropriar dela. Sobrepõem-se várias visões conflitantes e até contraditórias, sem chegar a compor um conjunto coeso. Ao tentar mostrar seu personagem, o romance consegue apenas desestabilizar nossa percepção. O livro é repleto de imagens de perfuração e penetração, como se o narrador tivesse fantasias eróticas de possuir totalmente a protagonista. No final, porém, nada a prende.

Romances inteiros podem tratar seu tema com uma tendenciosidade notável. Em *Tempos difíceis*, por exemplo, Charles Dickens traça uma imagem facciosa de Coketown, a cidade industrial do norte da Inglaterra onde o romance é ambientado. O próprio local é visto de maneira impressionista, como se um observador do sul da Inglaterra o visse de relance num trem. O herói do romance é Stephen Blackpool, um operário respeitoso e moralmente consciencioso. Somos convidados a admirar como ele se recusa a ceder à pressão do sindicato durante uma greve, mas a verdade é que Stephen mal tem qualquer consciência política. Está afastado dos colegas de trabalho por razões pessoais, não políticas. Morre solitário, e a impressão geral é que ele termina a vida como mártir do fanatismo do operariado organizado. No entanto, sua morte não tem a menor relevância política.

O romance retrata o movimento operário como desabrido, sectário, potencialmente violento. Com isso, destrata uma das poucas forças da Inglaterra vitoriana que questionavam as mesmas injustiças sociais que ele trata de forma tão indignada. A greve do romance se baseia numa greve verídica, que Dickens, como jornalista, retrata de maneira muito mais simpática do que faz no romance. Na verdade, ele faz elogios ao que considera como autocontrole dos operários em greve. *Tempos difíceis* também apresenta uma caricatura feroz do utilitarismo, doutrina que foi efetivamente responsável por algumas reformas sociais vitais na Inglaterra de Dickens. O fundador do movimento, Jeremy Bentham, era contrário à criminalização da homossexualidade, posição incrivelmente esclarecida para alguém daquela época. O utilitarismo consistia em muito mais coisas do que a mera fetichização dos fatos, que é como o livro o apresenta grosseiramente. Visto que alguns dos melhores amigos de Dickens eram utilitaristas, é difícil crer que ele não tivesse consciência dessa distorção.

Uma história pode não adotar atitude nenhuma em relação ao tema, mesmo quando seria de se esperar. É o que acontece com *Declínio e queda*, romance satírico de Evelyn Waugh, que utiliza o protagonista Paul Pennyfeather como imagem das palhaçadas da alta sociedade britânica. Já que ele serve apenas como porta de entrada nesse mundo, não é um personagem acabado. É apenas uma espécie de vazio no centro do romance, de tão pouco peso, como sugere o sobrenome Pennyfeather. Ele não parece capaz de avaliar minimamente as próprias experiências. Numa magnífica amostra de humor negro, ele é condenado a sete anos de trabalhos forçados, como bode expiatório dos crimes de prostituição e tráfico de escravas brancas cometidos por outrem. Mas nem remotamente formula qualquer protesto contra essa injustiça grotesca.

Essa vacuidade de Paul é uma das maneiras como ele participa do mundo frívolo da alta sociedade ao seu redor. Assim, reflete-se de maneira bastante negativa sobre ela. Mas também serve para impedir que Paul a critique. O fato de ser pouco mais que um símbolo faz parte do teor tremendamente cômico do livro, mas também o impede de questionar a conduta de seus camaradas de elite. A atitude do romance perante essas figuras é escrupulosamente neutra, e esse tratamento impassível aumenta ainda mais a graça da coisa. É uma espécie de equivalente literário da face imperturbável do jogador de pôquer, enquanto a narrativa expõe os eventos mais surreais e chocantes com a maior displicência e indiferença. Todavia, esse tom neutro é altamente conveniente para um escritor como Waugh, homem de fortes simpatias elitistas.

A comédia de Waugh opera, em parte, esvaziando as pessoas de qualquer vida interior. Mas, para começo de conversa, talvez os personagens nem tenham muita vida interior para esvaziar. Isso ajuda a exibir sua frivolidade moral e, assim, depõe contra eles. No entanto, se são mesmo tão vazios quanto parecem, é difícil entender como podem ser responsabilizados por sua conduta escandalosa, e isso conta a favor deles. Paradoxalmente, o que há de mais criticável nesses ociosos e parasitas – serem meras figuras de personalidade muito rala – é também o que os faz mais imunes a críticas.

As narrativas dispõem de muitas maneiras de rolar os dados em seu próprio favor. *A revolução dos bichos*, de George Orwell, trata de um grupo de animais que se apodera da fazenda onde vivem, tentando dirigi-la, mas com resultados catastróficos. A novela, em si, pretende ser uma alegoria do fracasso da democracia socialista na antiga União Soviética. Mas o fato é que animais não dirigem fazendas. Não é fácil assinar um cheque ou ligar para os fornecedores quando se tem casco em vez de mão. Vá lá que não é por isso que a experiência dos bichos malogra, mas não deixa de exercer uma influência inconsciente na reação do leitor. Assim, a história já adota certa perspectiva desde o início. A maneira como é montada também ajuda a reforçar o argumento. A alegoria poderia também sugerir, e certamente contra as intenções de seu autor de esquerda, que o proletariado é obtuso demais para conduzir seus próprios assuntos. Aliás, o próprio título original pode ser visto como uma ironia. *Animal* e *Farm* caminham naturalmente juntos. Mas não aqui.

As cartas também estão marcadas em *O senhor das moscas*, de William Golding, que mostra um grupo de garotos numa ilha deserta, voltando gradualmente à barbárie. Entre outras coisas, a ideia é mostrar que a civilização é algo que está apenas à flor da pele. Como em *O coração das trevas*, de Joseph Conrad, todos somos bárbaros sob a superfície, ideia que efetivamente destroça qualquer esperança de avanço social. Esfregue a pele de um garoto e você encontrará um selvagem. Mas escolher meninos como personagens é um recurso bastante conveniente. Eles ainda não estão inteiramente socializados. Ainda não são capazes de operações complexas, como dirigir a própria comunidade. De fato, alguns, nesse aspecto, não são muito mais avançados do que os porcos de Orwell. Não admira que a ordem social que tentam montar na ilha logo desmorone. Assim, *O senhor das moscas* facilita demais as coisas para si mesmo. Pela maneira como monta seu argumento, fica mais plausível do que pareceria de outra forma. Talvez os homens e as mulheres sejam criaturas caídas e corruptas, como acreditava Golding; mas não há como prová-lo mostrando que um bando de garotos assustados não é capaz de criar e desenvolver um equivalente das Nações Unidas.

Podem existir incongruências entre o que mostra e o que diz uma narrativa. Encontra-se um exemplo especialmente claro em *Paraíso perdido*, de John Milton, quando Adão decide compartilhar o destino de Eva dividindo a fatídica maçã. Pelo modo como o poema apresenta o acontecimento, não há dúvida de que Adão toma sua decisão por amor à companheira:

> *não. não! Sinto*
> *atrair-me o elo da natureza: carne da carne,*
> *sangue do meu sangue és, e de tua condição*
> *jamais se apartará a minha, na alegria ou na tristeza.*

Adão está disposto a arriscar a vida por lealdade a Eva. Porém, quando vai comer a maçã, o tom dos versos muda drasticamente:

> *não hesitou em comer,*
> *contrariando a prudência, não iludido,*
> *mas loucamente conquistado pelo encanto feminil.*

"Loucamente conquistado pelo encanto feminil" é uma flagrante distorção do estado de espírito de Adão, como o poema logo antes descrevera. ("Loucamente" aqui significa "tolamente".) Reduz seu corajoso sacrifício ao engodo de um rostinho bonito. No momento em que Adão pega a maçã, pronto para abandonar a vida junto com a amada, bruscamente o poema deixa de lado qualquer simpatia por ele. Adota, pelo contrário, um tom severamente judicial. Insiste que está praticando livremente essa ação, sem se ludibriar, com pleno conhecimento das consequências catastróficas. O Milton teólogo prevalece sobre o Milton humanista, e a doutrina vence o drama.

Existem conflitos semelhantes entre o que se vê e o que se diz nas obras de Daniel Defoe. Os romances de Defoe são fascinados pelo mundo material prosaico. O que encontramos em seu texto é uma espécie de pura narratividade, em que a pergunta principal é sempre "E o que vai acontecer agora?". Os acontecimentos são importantes na medida em que conduzem a outros acontecimentos. Essas narrativas incansáveis seguem em frente sem muita percepção de um plano geral. Não há uma conclusão lógica ou um desfecho natural nas histórias de Defoe. Acumula a narrativa pela narrativa, como um capitalista que acumula o lucro pelo lucro. É como se o desejo de narrar fosse insaciável. Num mundo onde parar é estagnar, descansa-se apenas para retomar outra vez, e com Defoe isso se dá tanto na narrativa quanto nos próprios personagens. Robinson Crusoé acaba de voltar da ilha e chegar ao lar, e logo em seguida retoma suas viagens, amealhando novas aventuras que ele promete partilhar com os leitores no futuro. Personagens como Moll Flanders se movem tão rápido, trocando um marido por outro e passando de algum pequeno delito a outro, que parecem não ter identidade contínua. Pelo contrário, vivem na corda bamba, escapam por um triz e dão pernas pra que te quero (literalmente, no caso de Moll).

Defoe sente um prazer visível com o realismo em si. Como disse certa vez James Joyce a respeito de si mesmo, ele tem a mentalidade de um quitandeiro. De fato, o romance inglês deslancha no momento em que o cotidiano começa a parecer infindavelmente emocionante. Não é o que acontece com as formas literárias anteriores a ele: a tragédia, a épica, a elegia, a pastoral, os romances de cavalaria etc. Esses gêneros lidam com divindades, personagens nascidos em berço de ouro e acontecimentos extraordinários. Não se interessam muito por gatunos e meretrizes. A ideia de permitir que uma prostituta como Moll Flanders seja a narradora seria tão inconcebível quanto deixar uma girafa contar a história. Para um *dissenter* como Defoe, porém, saborear o cotidiano por si mesmo não é moralmente aceitável, ainda que seja exatamente isso o que faz sua obra de ficção. O que se supõe é que o mundo material aponta para o mundo espiritual. Não pode ser tratado como fim em si. Os fatos reais precisam ser examinados em busca de um significado moral ou religioso. Assim, Defoe nos assegura, no melhor estilo de um jornalista de tabloides, que está contando esses eventos sensacionalistas (roubo, bigamia, fraude, prostituição etc.) apenas para podermos extrair uma lição de moral. Mas longe disso. O relato e a moral estão num absurdo desacordo. O leitor é convidado a crer que a história humana é guiada pela Divina Providência, mas não existe coisa mais implausível. A história é uma mera sucessão de acasos. É movida por um voraz interesse próprio, e não moldada por algum desígnio moral. A virtude é para quem pode. O que os romances dizem não se encaixa com o que mostram.

D.H. Lawrence criticava os escritores que, como diz em seu *Estudo de Thomas Hardy*, "metem o dedo na sopa". Ele queria dizer que uma obra literária é um equilíbrio de forças com uma vida própria, misteriosamente autônoma, e que um autor não deveria perturbar esse delicado equilíbrio impondo-lhe seus próprios objetivos. Era exatamente o que Tolstói havia feito, julgava ele, ao matar sua grande criação, Anna Kariênina. Esse "Judas", como o apodou Lawrence, ficara apavorado ao ver o grandioso florescimento vital de sua heroína e a eliminara covardemente, empurrando-a debaixo de um trem. Os escritores que deixavam seus protagonistas ir para a morte estavam simplesmente "estragando a vida", segundo Lawrence. Seguia-se que, para ele, a tragédia era uma espécie de desistência. Com efeito, entre os principais autores modernistas, Lawrence se destaca em sua aversão a ela. De modo geral, seus personagens que não conseguem atingir a realização não são apresentados sob uma ótica trágica. Devem ser removidos para desobstruir o caminho e para que outros possam chegar à sua própria realização.

    Lawrence pode estar errado em relação a Tolstói e à tragédia, mas está certo ao ver que, muito frequentemente, os autores manipulam a narrativa para adequá-la a seus objetivos ficcionais. No exato momento em que Dorothea Brooke, a heroína de George Eliot em *Middlemarch*, parece presa num casamento sem amor com um pedante velho e mirrado, o próprio romance intervém e providencia um ataque cardíaco fatal para ele. Em outras palavras, a forma moderna da Providência é conhecida como ficção. *Jane Eyre* está ansioso em casar sua heroína com Rochester, que já é casado; então, o romance mata sua esposa louca derrubando-a do alto de um telhado em chamas. Se os personagens relutam em cometer algum assassinato, a própria narrativa sempre pode intervir e resolver a situação. As narrativas são como matadores de aluguel, sempre prontas a fazer o serviço sujo a que os personagens se esquivam. Dora, a esposa pueril e cabeça oca de David Copperfield, é visivelmente inadequada para ele e por isso é óbvio que não vai viver até o final da história. Está condenada, tal como o empresário prepotente que, no começo de uma história de detetive, trata com brutalidade seus colegas de ficção e é evidente que vai terminar com uma faca na barriga.

    Uma história pode intervir para salvar a situação com uma oportuna herança, com a chegada de um solteiro promissor na vizinhança ou com a descoberta de um parente muito rico, do qual não se ouvia falar fazia muito tempo. A tarefa das narrativas realistas desse gênero é premiar os bons e castigar os maus. Precisam corrigir as mancadas da realidade. Às vezes, como na obra de Henry Fielding, isso se faz com uma consciência irônica do artifício. O romance pode insinuar furtivamente que, na vida real, o herói provavelmente seria enforcado; mas, como se trata de ficção, aqui ele vai ganhar uma esposa amorosíssima e uma propriedade rural considerável. Se ele aparecer trabalhando ativamente para conquistar essas coisas, isso diminuirá sua virtude a nossos olhos. A virtude, ao que se supõe, não pode ser interesseira. Assim, o enredo é que tem de trabalhar a favor do personagem. Fielding deixa que Tom Jones alcance a felicidade, mas adverte-nos de que esses desfechos felizes não são usuais na vida real. Como ele observa no decorrer do romance, existe uma digna doutrina moral de que os bons receberão sua recompensa neste mundo – doutrina esta, acrescenta ele, que só tem um defeito: a saber, não é verdadeira.

Analogamente, os cruéis e depravados costumam se dar mal no final da história. Seus planos malogram, têm as fortunas arrancadas de suas patas peludas, são despachados para a prisão ou se casam com verdadeiras megeras. Os pobres são cumulados de coisas boas e os ricos vão embora de mãos vazias. Mas na vida real, sugere-se discretamente, os vilões provavelmente terminariam como juízes e ministros do governo. Há um tom de ironia semelhante no final de algumas comédias de Shakespeare, que nos alertam de maneira indireta que muito provavelmente não seria assim que as coisas se desenrolariam na realidade. *Sonho de uma noite de verão* termina com a união dos casais "certos", mas só depois que a peça pôs em questão toda a ideia de "certo" no caso da atração sexual. Na verdade, a peça demonstra que qualquer um pode desejar qualquer outro e que existe uma espécie de anarquia no desejo, ameaçando a boa ordem do enredo. A rainha das fadas chega a se apaixonar por um burrico, o que, aliás, não é a primeira vez que acontece com um personagem da realeza. Em *A tempestade*, Próspero só pode se reconciliar com os inimigos empregando recursos da magia. *Villette*, de Charlotte Brontë, oferece dois finais ao leitor, um cômico e outro trágico. Parece sussurrar: "Eis aí o final feliz, se você insistir, mas não vá imaginar que é necessariamente esta a verdade da questão".

Narrativa

Henry James, que não tinha medo de desfechos trágicos, escreve sardonicamente em seu ensaio *A arte da ficção* sobre a "distribuição no final de prêmios, pensões, maridos, esposas, bebês, milhões, acréscimos de parágrafos e entusiásticas observações" que encontramos nas últimas páginas de inúmeros romances realistas. O objetivo dessas conclusões é consolar, ao passo que o efeito de muitos finais modernistas é inquietar. Os vitorianos acreditavam que uma das funções da arte era revigorar o ânimo do leitor. Considerava-se a melancolia moralmente debilitante. Chegava a ser vista até como um perigo político. Um povo desanimado era um povo descontente. É por isso, entre outras razões, que quase todos os romances vitorianos terminam com um final positivo. Mesmo a obra que mais se aproxima da mais absoluta tragédia, *O morro dos ventos uivantes*, consegue extrair uma conclusão que tenta ser positiva. Esses finais felizes são realmente fantasias e, como observou Freud, a fantasia é "uma retificação de uma realidade insatisfatória". Sabemos que, no mundo real, a distribuição dos benefícios deixa um tanto a desejar. Mulheres admiráveis ficam com maridos grosseirões, banqueiros safados andam por aí em liberdade, lindos bebezinhos têm como pais defensores da supremacia branca. Assim, um pouco de justiça poética vem a calhar. Talvez o romance seja um dos poucos redutos restantes em que ainda é possível tal justiça. Não é um pensamento especialmente consolador.

Joseph Conrad, num ensaio sobre Henry James em suas *Notas sobre a vida e as letras*, trata dos finais literários convencionais como "solução com prêmios e castigos, a felicidade no amor, uma fortuna, uma perna quebrada ou uma morte súbita". E continua:

> Essas soluções são legítimas na medida em que atendem ao desejo pelo fim, pelo qual anseia nosso coração, um anelo maior do que o anelo pelos pães e peixes deste mundo. Talvez o único desejo verdadeiro da

humanidade, que vem à luz em suas horas de lazer, seja chegar ao repouso.

Por causa desse anseio pelo término, dessa pergunta constante por "O que acontece no fim?", continuamos lendo o livro com avidez. É uma das razões pelas quais ficamos tão hipnotizados por suspenses, mistérios e histórias de horror gótico. Algum tempo depois que Conrad escreveu essas palavras, Sigmund Freud deu a esse nosso anseio pelo fim o nome de "pulsão de morte".

Mas, se queremos saciar nossa curiosidade, também mantemos certa cautela. Se os prazeres do desfecho chegam rápido demais, estragam as delícias do suspense. Queremos a certeza, mas também queremos adiá-la. Precisamos ser atendidos, mas também nos deleitamos na ansiedade de não saber. Só existe história se a solução é temporariamente retida. É sua ausência que mantém a narrativa em andamento. Mas torcemos para que ela seja restaurada, como o Jardim do Éden ou uma boneca perdida. Quando o narrador de *O coração das trevas*, de Conrad, visita a noiva transtornada de Kurtz, no final do romance, ele lhe conta uma mentira piedosa. É como se a história a tratasse como um público tradicional à espera de um final feliz. Mas Conrad, pessoalmente, suspeita não só que os finais raramente são felizes mas também que nem existem finais definitivos.

***

Já vimos que as histórias são possíveis porque houve alguma perturbação numa ordem inicial. Uma serpente se esgueira no jardim paradisíaco, um estranho chega à cidade, Dom Quixote se lança à estrada, Lovelace se apaixona por Clarissa, Tom Jones é expulso da mansão rural do patrão, Lorde Jim dá um salto fatal e Josef K é detido por um crime não nomeado. Em inúmeros romances realistas, o objetivo do final é restaurar essa ordem, talvez em forma mais rica. O pecado original leva a uma condição de conflito e caos, mas ela será redimida ao final. Como a

Queda do Éden, é uma *felix culpa*, uma culpa feliz, visto que sem ela não haveria história. O leitor fica devidamente consolado e reanimado. Recebe a garantia de que existe uma lógica implícita na realidade e de que a tarefa do romance é trazê-la pacientemente à luz. Todos fazemos parte de um enredo estupendo, e a boa notícia é que esse enredo tem um desfecho cômico.

Sob esse aspecto, é válido pensar a narrativa como uma espécie de estratégia. Como qualquer estratégia, ela mobiliza certos recursos e emprega certas técnicas para atingir determinados objetivos. Muitos romances realistas podem ser vistos como dispositivos para resolver problemas. Criam adversidades para si mesmos e então tentam resolvê-las. Os seres humanos que fazem isso às vezes são encaminhados ao psiquiatra, mas é o tipo de coisa que esperamos da ficção realista. Se é para ter um suspense narrativo, porém, as dificuldades não podem ser eliminadas rápido demais. Emma Woodhouse vai ter de acabar nos braços do sr. Knightley, mas não no segundo parágrafo. No entanto, ao resolver um tipo de problema, as obras literárias podem simplesmente continuar apresentando outro, o qual, por sua vez, também precisa ser encaminhado. As obras literárias modernistas e pós-modernistas geralmente se interessam menos pelas soluções. Preferem desnudar alguns problemas. Não costumam terminar com trapaceiros devassos pendurados de cabeça para baixo num poste de luz nem com uma sucessão de casamentos felizes. E nisso, pode-se dizer, são mais realistas do que grande parte do realismo.

Para o realismo clássico, o próprio mundo é moldado como uma história. Em muitas obras modernistas, inversamente, não há ordem nenhuma, exceto aquela que nós mesmos construímos. E visto que qualquer ordem assim é arbitrária, igualmente arbitrários são os inícios e os finais ficcionais. Não existem origens ou conclusões naturais com uma ordem divina. Isso significa que tampouco existem entremeios lógicos. O que pode ser um final para você pode servir de início para mim. Você pode começar ou parar onde quiser. Origens e fins não são inerentes ao mundo. É você quem decide isso, não o mundo. Mas, por onde quer que você comece, pode ter certeza de que já aconteceu uma imensidade de coisas. E, onde quer que você pare, muita coisa vai continuar assim mesmo.

Algumas obras modernistas, portanto, duvidam da própria noção de narrativa. A ideia de narrativa sugere que existe uma forma perfeita no mundo, uma sequência ordeira de causas e efeitos. Às vezes (mas nem sempre, de maneira nenhuma), ela vem associada a uma crença no progresso, no poder da razão e no avanço da humanidade. Não seria muito exagero dizer que esse tipo de narrativa clássica se esfacelou nos campos de batalha da Primeira Guerra Mundial, a qual dificilmente ajudou a promover a confiança na razão humana. Foi por volta daqueles anos que se criaram as grandes obras modernistas, desde *Ulisses*, de Joyce, e "A terra desolada", de Eliot, a *Os cisnes selvagens de Coole*, de Yeats, e *Mulheres apaixonadas*, de Lawrence. Para o espírito modernista, a realidade não se desenrola de maneira ordenada. O evento A pode levar ao evento B, mas também leva aos eventos C, D, E e outros incontáveis. E é também resultado de incontáveis fatores. Quem vai decidir qual dessas linhas terá prioridade? O realismo vê o mundo como um desenrolar, ao passo que o modernismo tende a vê-lo como um texto. A palavra "texto", aqui, pertence à mesma família de "têxtil", no sentido de um tecido formado por muitos fios entrelaçados. Sob esse ponto de vista, a realidade, mais do que um desenvolvimento lógico, é uma rede emaranhada na qual todos os componentes estão intrincadamente interligados. Uma rede dessas não tem centro e não se apoia em base alguma. É impossível indicar onde começa e onde termina. Não há evento A ou evento Z. O processo pode ser desfeito ao infinito e se desenrolar interminavelmente. No princípio era o verbo, a palavra, como declara o Evangelho de São João, mas uma palavra só é uma palavra por causa de suas relações com outras palavras. Assim, para que a primeira palavra seja uma palavra, já devia existir pelo

Narrativa

menos uma outra palavra. Isso significa que não houve nenhuma primeira palavra. Se existe algum sentido em falar no nascimento da linguagem, ela deve ter nascido, como disse o antropólogo Claude Lévi-Strauss, "de um golpe só".

Desse modo, a ideia de narrativa entra em crise. Para o modernismo, mesmo que fosse possível saber onde alguma coisa começou, nem por isso se teria obrigatoriamente a verdade sobre ela. Tal suposição consiste naquilo que se chama falácia genética. Não existe uma grandiosa narrativa geral, apenas uma miríade de mininarrativas, cada qual podendo ter sua parte de verdade. Mesmo o aspecto mais humilde da realidade pode receber uma infinidade de versões, nem todas mutuamente compatíveis. É impossível saber qual miúdo incidente numa história pode vir a se mostrar da maior importância no final, assim como, para os biólogos, é difícil saber qual forma inferior de vida pode ter evoluído ao longo do tempo, convertendo-se em algo excepcional. Quem, contemplando um pequeno molusco coberto de limo fechado em sua casca bilhões de anos atrás, iria imaginar o surgimento de Tom Cruise? As histórias tentam inserir algum desenho e algum desígnio nessa rede do mundo, mas com isso só conseguem simplificá-lo e empobrecê-lo. Narrar é falsificar. Com efeito, pode-se até dizer que escrever é falsificar. Escrever, afinal, é um processo que se desenrola no tempo e, nesse aspecto, se assemelha à narrativa. A única obra literária autêntica, portanto, seria aquela que tem consciência dessa falsificação e procura contar sua história levando isso em conta.

Isso significa que todas as narrativas precisam ser irônicas. Precisam apresentar suas versões sempre tendo em mente suas limitações. Precisam de alguma maneira incorporar ao que sabem aquilo que não sabem. Os limites da história precisam se tornar parte dela. É por isso que alguns narradores de Conrad ou o narrador de Ford Madox Ford em *O bom soldado* se empenham em identificar seus pontos cegos. É como se a maior aproximação possível da verdade fosse uma confissão da inevitável ignorância do narrador. As narrativas precisam encontrar uma maneira de sugerir que são possíveis outras múltiplas versões do mesmo tema. Se não querem parecer enganosamente absolutas, precisam indicar sua própria arbitrariedade. Samuel Beckett às vezes começa alguma história disparatada, aborta-a tão logo ela decola e então inicia alguma outra igualmente absurda.

A narrativa moderna, em outras palavras, perdeu o tipo de necessidade que tinha na época em que os poetas contavam as origens míticas da tribo ou cantavam suas vitórias militares. Contar uma história, agora, se tornou uma coisa gratuita. Não tem base na realidade, ao contrário, supõe-se, das origens da tribo ou da gênese da nação. Assim, as histórias precisam se sustentar sozinhas. Não podem apelar a autoridade alguma a não ser a delas mesmas, ao contrário do autor do Gênesis ou de *A divina comédia*. Isso dá ao narrador um espaço de manobra muito maior. Mas é uma liberdade de tipo negativo. Vivemos num mundo onde não há nada que não possa ser narrado, mas onde tampouco nada precisa ser narrado.

Existem narrativas com limites muito estreitos, mas que parecem não se perceber como tal. *Mary Barton*, romance de Elizabeth Gaskell, é um exemplo. O protagonista, John Barton, é um operário industrial humilde na Manchester vitoriana que se torna militante político. Mas então ele parece desaparecer para além do horizonte da história ou, pelo menos, para além de seu campo de abrangência. Podemos pressenti-lo nas margens, mas não o enxergamos mais. O romance parece até nem saber bem que tipo de ativista ele é, sindicalista, comunista ou o quê. E, se o livro não o sabe, ninguém mais vai sabê-lo. Barton ingressou num mundo de sombras, e a narrativa em que ele aparece, tendo ela ideias políticas mais convencionais, simplesmente não consegue acompanhá-lo nesse outro mundo. Sob esse aspecto, é significativo que a intenção original de Gaskell fosse usar o nome do protagonista como título da obra, mas depois mudou de ideia e colocou como título o nome de sua irmã Mary, não tão ignominiosa.

Narrativa

Assim, com o advento do modernismo, torna-se cada vez mais difícil contar a mais simples das histórias de maneira simples e direta. Tome-se o caso de Joseph Conrad, que, como ex-marinheiro, é célebre por sua habilidade em trançar uma excelente meada. *O coração das trevas* é, entre outras coisas, uma história de detetive emocionante. Mas, conforme avança, a fábula começa a se borrar, a se dissolver e a se esfarelar pelas bordas. A história é contada num estilo vividamente concreto, mas há uma aura brumosa em torno dela que nem o mais meticuloso detalhismo consegue dissipar. Marlow, o protagonista, parece não chegar a lugar algum. Enquanto sobe o rio até o centro da África, também se aprofunda cada vez mais dentro de si mesmo, até algum reino atemporal do mito e do inconsciente. Assim, sua jornada é mais interior do que exterior. Enquanto se afasta da civilização e ruma para a dita selvageria, ao mesmo tempo dirige-se ao passado primevo. Avançar até o coração da África é retroceder às origens "primitivas" da humanidade. Assim a narrativa avança e retrocede ao mesmo tempo. O progresso é puramente ilusório. Não existe esperança na história. A história, parafraseando as palavras de Stephen Dedalus, de Joyce, é um pesadelo do qual o modernismo tenta despertar. Se a narrativa de Conrad é problemática, em parte é porque a crença oitocentista no progresso – uma ascensão contínua da barbárie à civilização – sofrera um bombardeio devastador.

Portanto, não surpreende que Kurtz, a figura monstruosamente degenerada que Marlow procura, de início tenha chegado à África como "um emissário da devoção, da ciência, do progresso e sabe diabo do que mais". (Seria de se esperar "e sabe *o* diabo do que mais", mas o inglês não era a língua materna de Conrad, coisa que às vezes sua prosa não deixa de nos lembrar.) Kurtz, um funcionário do império, chegara à África como paladino do progresso e do esclarecimento, e agora se degenerou num indivíduo que pratica certos "ritos indizíveis" e abominações secretas. Vindo para civilizar os habitantes do Congo Belga, agora queria exterminá-los. Assim, o homem do progresso retrocede ao primitivo tanto no conteúdo quanto na forma da história.

Nem a história nem a narrativa parecem mais nos levar a algum lugar. Leopold Bloom, de Joyce, acorda, fica vagueando meio à toa por Dublin e volta para casa. As noções lineares da história dão lugar a noções cíclicas. As histórias estão perpetuamente tentando capturar verdades que se revelam fugidias. Contar uma história é tentar moldar o vazio. É tão inútil quanto querer pentear as nuvens. Marlow, em *O coração das trevas*, está literalmente contando sua história nas trevas, sem saber se alguém o ouve, ali à noite, acocorado no convés do navio. Como já vimos, a última coisa que ele diz é uma mentira. George Eliot e Thomas Hardy acreditam que a verdade é essencialmente narrável, ao passo que Conrad e Woolf não acreditam muito nisso. Para eles, a verdade ultrapassa a representação. Pode ser mostrada, mas não enunciada. Talvez Kurtz tenha tido um pavoroso vislumbre da verdade, mas ela não pode ser enfiada na camisa de força de uma história. Há um coração das trevas no centro de toda meada.

Pode ser que Marlow só consiga narrar sua história porque não conseguiu e jamais conseguirá chegar à verdade. Se uma obra de ficção conseguisse proferir a palavra final sobre a condição humana, não lhe restaria mais nada a dizer. Simplesmente cairia no silêncio. Morreria da verdade que apresentou. Marlow pergunta: "Não serão nossas vidas curtas demais para aquela enunciação completa que, em todo o nosso balbuciar, é evidentemente nossa única e constante intenção?". O que mantém a narrativa em andamento é sua pura impossibilidade. A verdade que as histórias (modernistas) procuram está além dos limites da linguagem; apesar disso, elas se recusam a desistir, e é essa recusa que permite que se continue a contar histórias. Se não ficamos parados, aproximamo-nos mais e mais. Marlow, em *O coração das trevas*, fala em viajar até "o ponto mais distante da navegação e o ponto culminante de minha experiência". A única questão é se, chegando a esse ponto extremo, a pessoa terá a coragem de Kurtz de espiar sobre a borda do abismo. A jornada de Kurtz o levou para além da linguagem e da narrativa, chegando a uma realidade obscena muito além de suas fronteiras; e isso é apresentado na história como uma espécie de horrendo triunfo. Ele encarou de frente a Medusa sem recuar e isso é, talvez, uma proeza mais admirável do que a virtude suburbana de classe média. É um exemplo modernista conhecido, igualmente audacioso e arriscado.

Pelo menos é isso o que Marlow pensa a respeito de Kurtz, o qual mal chega a aparecer no livro. Mas pode ser também uma falsa idealização dele. Conrad, pessoalmente, talvez fosse de outra opinião. Alguns outros romances seus, como *Lorde Jim* e *Nostromo*, também se esquivam a contar uma história de modo direto. A narração recua sobre si mesma, recomeça da metade em diante, acompanha vários enredos ao mesmo tempo, troca de narrador e repete os mesmos acontecimentos de pontos de vista diferentes. O leitor é obrigado a entrar na história por um recorte e depois por outro, a avançar e recuar no tempo, a confiar no registro de alguém sobre a versão de outro alguém a respeito do relato de mais outro alguém.

Isso, em parte, faz lembrar uma das maiores obras-primas da comédia inglesa, *Tristram Shandy*, do autor setecentista Laurence Sterne. As adulterações da narrativa não se restringem ao modernismo. O romance de Sterne é, na realidade, uma narrativa sobre a impossibilidade da narrativa, pelo menos do tipo realista. O que seu romance mostra é que o realismo, falando em termos estritos, está fora de nosso alcance. Nenhum texto pode simplesmente contar alguma coisa como ela é. Todo o chamado realismo é uma versão parcial e recortada da realidade. Não existe nenhuma apresentação "completa" possível do mais minúsculo pontinho na unha de alguém, que dirá de uma vida humana. O romance realista pretende refletir a existência como ela é, em todos os seus detalhes incontroláveis; mas também se supõe que vá moldar essa matéria amorfa numa narrativa dotada de forma. E essas duas metas são realmente incompatíveis. Toda história está fadada a selecionar, a revisar e a excluir, e assim não tem como nos apresentar a verdade nua e crua. Se o tentasse, nunca chegaria ao fim. Uma coisa levaria a outra e a mais outra, numa série de digressões após digressões. E é exatamente o que acontece em *Tristram Shandy*.

Para Sterne (ou pelo menos assim diz ele), selecionar e excluir é uma maneira de enganar o leitor. A intenção é realmente ludibriar. Assim, o narrador do livro, Tristram, começa contando tudo o que é possível sobre seu nascimento e crescimento. O resultado desse gesto aparentemente amigável ao leitor é que a narrativa logo empaca e quem a lê fica totalmente confuso. Começamos a desconfiar que aquilo que pode parecer um gesto amigável é, secretamente, uma brincadeira maliciosa. Ao tentar nos contar tudo sobre si mesmo, voltando até o momento de sua concepção, Tristram acaba amontoando um tal volume imanejável de texto que corremos o risco de ficar absolutamente atordoados. Todo o empreendimento se destrói do modo mais hilariante. Não demora muito e começamos a desconfiar que o herói tem um parafuso a menos e nós mesmos nos sentimos arrastados para essa direção.

O realismo parece nos apresentar o mundo em toda a sua encantadora e alarmante desordem, mas, na verdade, não é o que ele faz. Se toca um telefone num romance realista ou num drama naturalista, será quase certamente um andamento do enredo, e não um número que discaram errado. As obras realistas escolhem os personagens, os eventos e as situações que ajudem a compor sua concepção moral. Mas, para disfarçar essa seleção e preservar o ar de realidade, geralmente elas nos fornecem inúmeros detalhes que, de fato, são bastante aleatórios. Podem nos contar que uma neurocirurgiã que faz uma breve aparição tem mãos enormes e cabeludas, mas da mesma forma ela poderia dispor de mãos suaves e delicadas, sem nenhum prejuízo para o enredo. O detalhe é totalmente arbitrário. Está ali só para dar uma sensação de realidade. Um romance realista pode dizer que a heroína chamou um táxi marrom, enquanto num romance experimental o táxi pode ser marrom numa página, não ter cor nenhuma em outra

Narrativa

página e estar com um motorista feito de marzipã numa terceira página. Com isso, ele desmascara deliberadamente o jogo realista. Expõe a todos o que o romance realista está aprontando pelas nossas costas. Tal é, com efeito, o objetivo de *Tristram Shandy*. Tão logo a forma do romance surgiu na Inglaterra, foi prontamente desmontada e desencaminhada.

O objetivo de Tristram é escrever uma autobiografia. Mas, se não quer enganar o leitor, não pode deixar nada de fora, e daí resulta que nunca consegue avançar além da infância. Depois de concluir dois alentados volumes da obra, ainda nem conseguiu nascer. Depois de nove volumes, ainda nem sabemos a aparência que ele tem. Para contar a história de sua vida, fica perpetuamente saltitando de um fluxo temporal a outro, voltando para esclarecer um detalhe ou interrompendo uma parte da narrativa enquanto dá prosseguimento a outro trecho. Sua história, diz ele, "segue por digressão e também por progressão – e ao mesmo tempo". Também precisa ficar atento ao que poderíamos chamar de fluxo temporal do leitor, avisando quando devemos ir mais rápido ou mais devagar, dependendo do caso. A rigor, o herói precisaria parar de viver enquanto escreve, do contrário nunca vai conseguir alcançar a si mesmo. Quanto mais escreve, mais tem para escrever, visto que, nesse meio-tempo, está vivendo mais coisas. Para ter uma narrativa completa, também teria de incluir a redação da autobiografia na autobiografia.

Enquanto Tristram está escrevinhando no maior afã, aos poucos todo o romance se desfaz em suas mãos. A narrativa fica entravada, soltam-se fragmentos, personagens ficam esperando na porta durante vários capítulos, os detalhes começam a proliferar descontroladamente, um Prefácio e uma Dedicatória são removidos e o próprio autor corre o risco de submergir sem deixar traços sob a montanha potencialmente infinita do texto. Contar uma história é um empreendimento absurdo. É uma tentativa de colocar em sequência uma realidade que nada tem de sequencial. O mesmo se aplica à linguagem. Dizer uma coisa significa obrigatoriamente excluir outra, mesmo para *Finnegans Wake*. O próprio veículo com que Tristram tenta apreender a verdade de sua identidade – as palavras – só consegue obscurecê-la ainda mais. Às vezes pleiteiam-se coisas exorbitantes para a narrativa. Em termos históricos, ela remonta a tempos muito recuados. Parece tão antiga quanto a própria humanidade. Às vezes dizem que falamos, pensamos, amamos, sonhamos e agimos em narrativa. Em certo sentido, é verdade, visto que todos nós somos criaturas temporais. Mas nem todos sentimos a existência dessa maneira. Alguns veem sua vida como uma história coerente, outros não. O mesmo se aplica a diferentes culturas. É como a velha piada: "Minha vida tem uns personagens maravilhosos, mas não entendo o enredo". Aquela metáfora batida da vida como jornada supõe um sentido de finalidade e continuidade que nem todos consideram muito esclarecedor. Para onde, exatamente, as pessoas pensam que estão indo? Uma vida pode ser significativa sem ter uma meta, tal como uma obra de arte. Qual é o sentido de ter filhos ou de usar calça rosa-choque? Obras como *Tristram Shandy*, *O coração das trevas*, *Ulisses* e *Mrs. Dalloway* podem servir para nos libertar dessa concepção da vida humana movida por uma finalidade, que se desenrola de maneira lógica e rigorosamente coerente. Com isso, podem nos ajudar a aproveitá-la melhor.

* * *

E, por fim, qual é a diferença entre narrativa e enredo? Uma maneira de diferenciá-los é pensar nos romances de Agatha Christie. Seus suspenses são quase só enredo. Outros elementos da narrativa – a ambientação, o diálogo, a atmosfera, o simbolismo, a descrição, a reflexão, a caracterização aprofundada dos personagens etc. – são impiedosamente eliminados para deixar apenas o esqueleto da ação. Nesse aspecto, seus livros se distinguem das histórias de detetives de Dorothy L. Sayers, P.D. James, Ruth Rendell e Ian Rankin, que inserem os enredos num contexto narrativo muito mais rico.

Narrativa

O enredo, portanto, faz parte da narrativa, mas não a esgota. Com esse termo, geralmente designamos a ação principal de uma história. Indica como se dá a ligação entre personagens, acontecimentos e situações. O enredo é a lógica ou a dinâmica interna da narrativa. Para a *Poética*, de Aristóteles, ele representa "a combinação dos episódios ou das ações na história". É o que resumimos quando alguém pergunta sobre o que é tal ou tal história. O enredo de *Noviça rebelde* inclui a fuga da família Von Trapp escapando dos nazistas, mas não Julie Andrews gorjeando no alto de uma montanha nem o fato de ser levemente dentuça. O assassinato de Banquo faz parte do enredo de *Macbeth*, mas não a fala "Amanhã, amanhã, amanhã..." do solilóquio do protagonista.

Existem inúmeras narrativas sem enredo, como *Esperando Godot*, "Trinta dias tem setembro" da cantiga infantil ou *Retrato do artista quando jovem*, de Joyce. Também existem narrativas que podem ou não ter enredo, no sentido de que não sabemos muito bem se está se passando alguma ação importante ou não. É o que acontece às vezes na obra de Franz Kafka. E ocasionalmente também na de Henry James. Os paranoicos e teóricos da conspiração costumam enxergar enredos e tramas onde não existem. Exageram na interpretação de detalhes avulsos e eventos aleatórios, vendo neles sinais de alguma narrativa sinistramente escondida. É o que Otelo faz com o lenço de Desdêmona, interpretado erroneamente como sinal de sua infidelidade. É também o que ocorre em *O livro do riso e do esquecimento*, de Milan Kundera, que viveu durante alguns anos sob um regime comunista na Europa Oriental. Como tais regimes espionam constantemente os cidadãos, sempre em busca do mais leve sinal de dissidência, podem ser chamados de paranoicos. Como na paranoia, nada do que acontece acontece por acaso. Tudo precisa ter algum significado agourento. Na história de Kundera, um personagem passa mal no centro de Praga, então comunista, e outro personagem passa ao lado e olha para ele. "Sei exatamente o que você quer dizer", murmura ele compreensivo.

Capítulo 4

Interpretação

Quando falamos que um texto é "literário", uma das coisas que queremos dizer é que ele não está ligado a um contexto específico. É claro que todas as obras literárias nascem em condições determinadas. Os romances de Jane Austen brotam do mundo da pequena nobreza fundiária da Inglaterra no século XVIII e começo do século XIX, enquanto *Paraíso perdido* tem como pano de fundo a Guerra Civil inglesa e seus desdobramentos. Mas, ainda que essas obras nasçam de tais contextos, seu significado não se restringe a eles. Observe-se a diferença entre um poema e um manual de instruções para montar uma lâmpada de mesa. O manual só faz sentido numa situação prática e específica. A menos que estejamos realmente carentes de qualquer inspiração, em geral não recorremos ao manual para refletir sobre o mistério do nascimento ou a fragilidade dos seres humanos. Já um poema pode se manter significativo mesmo fora do contexto original, e seu significado pode se alterar conforme o poema passa para outro tempo ou espaço. Como um bebê, ele se separa do autor assim que ingressa no mundo. Todas as obras literárias ficam órfãs ao nascer. Assim como nossos pais não continuam a governar nossa vida à medida que crescemos, da mesma forma o poeta não pode determinar as situações em que sua obra será lida ou o sentido que daremos a ela.

Assim, o que chamamos de obra literária se diferencia das placas de rua e dos bilhetes de ônibus. São "portáteis" de uma maneira peculiar, podendo ser levadas de um local a outro, o que só se aplica aos bilhetes de ônibus se quisermos fraudar a empresa de transportes. O sentido delas não depende tanto das circunstâncias em que surgiram. São intrinsecamente obras de final em aberto, razão pela qual, entre outras, estão sujeitas a um amplo leque de interpretações. E é também por isso que costumamos prestar mais atenção à sua linguagem do que dedicamos aos bilhetes de ônibus. Não tomamos sua linguagem como essencialmente prática. Pelo contrário, supomos que ela pretende ter algum valor em si mesma.

Não é tanto o caso na linguagem do cotidiano. Raramente um grito assustado de "Homem ao mar!" é ambíguo. Não vamos tratá-lo como um interessante jogo de palavras. Se ouvirmos esse grito a bordo de um navio, provavelmente não nos deteremos na sutil consonância em *m* entre "homem" e "mar" nem na tônica recaindo na oxítona final. Nem vamos procurar algum significado simbólico na expressão. Não tomaremos a palavra "Homem" no sentido da humanidade como um todo, nem imaginaremos que a expressão sugere nossa catastrófica queda do estado de graça. Claro, até podemos fazer tudo isso se o homem ao mar em questão for nosso inimigo mortal, cientes de que, depois de nos dedicarmos à nossa análise, ele já terá virado comida para os peixes. Mas, afora isso, não é muito provável que a gente fique coçando a cabeça, tentando entender que raios essas palavras querem dizer. O sentido delas fica evidente pelo contexto. E ainda continuaria evidente, mesmo que o grito fosse um falso alarme. Se não estivermos no mar, talvez o grito não faça sentido algum, mas o fato de ouvirmos o ruído dos motores do navio decide definitivamente a questão.

Na maioria dos contextos práticos, não temos muita escolha sobre o significado. Ele tende a ser definido pelo próprio contexto. Ou, pelo menos, a situação reduz o leque de significados possíveis a um pequeno número. Quando vejo um sinal de saída por cima da porta de uma loja de departamentos, sei pelo contexto que significa "É por aqui que você tem de passar quando quiser sair", e não "Saia já!". Do contrário, essas lojas estariam sempre vazias. A palavra é descritiva, não imperativa. Entendo a frase "Tomar um comprimido três vezes por dia" em meu frasco de aspirinas como uma instrução dirigida a mim, não às duzentas pessoas que moram no mesmo prédio que eu. Um motorista que pisca os faróis do carro pode querer dizer "Cuidado!" ou "Passe!", mas essa ambiguidade potencialmente fatal resulta numa quantidade de acidentes menor do que poderíamos esperar, visto que o sentido geralmente fica claro na situação.

O problema com um poema ou um conto, porém, é que ele não vem como parte de um contexto prático. Claro que, diante de palavras como "poema", "romance", "épica", "comédia", sabemos o que esperar, assim como sua forma de apresentação, de divulgação, de propaganda e de resenhas na imprensa desempenha um papel importante na reação que teremos a ele. Mas, tirando essas indicações vitais, a obra não nos chega propriamente dentro de um contexto. Pelo contrário, ela é que vai criando sua ambientação à medida que avança. Temos de imaginar, a partir do texto, um pano de fundo sobre o qual suas palavras adquiram algum sentido. Com efeito, à medida que lemos, vamos construindo esses quadros interpretativos continuamente, muitas vezes de maneira inconsciente. Quando lemos o verso de Shakespeare "Adeus! És cara demais para minhas posses", pensamos com nossos botões: "Ah, provavelmente está falando com a amante e parece que estão rompendo. Cara demais para as posses dele, hein? Decerto ela é meio esbanjadora". Mas não há nada além das próprias palavras que nos informe a respeito, como há num grito de "Fogo!" que nos indique como entender seu sentido (por exemplo, uma fumacinha saindo dos cabelos de quem grita). E isso torna a questão de determinar o sentido de uma obra literária bem mais complicada.

Se as obras de literatura fossem apenas relatos históricos, poderíamos entender o significado reconstituindo as situações históricas em que nasceram. Mas não são. A relação delas com suas condições de origem é mais frouxa. *Moby Dick* não é um tratado sociológico sobre a pesca baleeira nos Estados Unidos. O romance utiliza tal contexto para criar um mundo imaginário, mas a significação desse mundo não se restringe a ele. Isso não significa necessariamente dizer que o livro se desprende de sua situação histórica de tal maneira que se torna de apelo universal. Podem existir civilizações que não consigam extrair muita coisa dele. Alguns grupos num futuro distante podem considerá-lo incompreensível ou mortalmente enfadonho. Podem achar que ter a perna mastigada por uma enorme baleia branca é o maior tédio e, portanto, não é um material que se preste à literatura. E será que uma civilização futura também acharia as odes de Horácio ou os ensaios de Montaigne tediosos e ininteligíveis? Talvez esse futuro já tenha chegado, pelo menos em certa medida.

Não sabemos se a obra de Melville é de interesse universal porque ainda não alcançamos o fim da história humana, apesar do máximo empenho de alguns de nossos líderes políticos. Nem consultamos os dinkas nem os tuaregues a esse respeito. Mas sabemos que chamar *Moby Dick* de romance significa, entre outras coisas, que ele pretende dizer algo sobre aquilo que poderíamos designar, em termos amplos, como questões "morais". Não me refiro a códigos éticos ou proibições religiosas, mas a questões de sentimentos, ideias e ações humanas. *Moby Dick* tenta nos falar algo sobre a culpa, o mal, o desejo, a psicose, e não só sobre arpões e gordura de baleia, nem só sobre os Estados Unidos no século XIX.

Essa é, de fato, uma das coisas que queremos dizer com a palavra "ficção". Ficção não significa essencialmente um texto que não é verídico. *A sangue frio*, de Truman Capote, *A canção do carrasco*, de Norman Mailer, e *As cinzas de Angela*, de Frank McCourt, nos são apresentados como verídicos e mesmo assim transpõem essas verdades para uma espécie de ficção imaginária. As obras de ficção podem vir carregadas de dados factuais. Daria até para cuidar de uma fazenda usando como base o que as *Geórgicas* de Virgílio dizem sobre a agricultura, embora talvez ela não durasse muito. Mas os textos que chamamos de literários não são escritos primariamente para nos fornecer fatos. Em vez disso, eles convidam o leitor a "imaginar" esses fatos, no sentido de construir um mundo imaginário a partir deles. Assim, uma obra pode ser verídica e imaginária, factual e fictícia ao mesmo tempo. Que você tenha de atravessar o mar para ir de Londres a Paris pertence ao mundo ficcional de *Um conto de duas cidades*, de Dickens, mas também é um dado de fato. É como se esse fato fosse "ficcionalizado" pelo romance. Passa a operar num contexto em que a questão principal não é sua veracidade ou falsidade. O importante é como ele opera dentro da lógica imaginária da obra. Há uma diferença entre ser fiel aos fatos e ser fiel à vida. Dizer que há muita verdade em *Hamlet* não significa que realmente existiu um príncipe dinamarquês que era louco ou fingia ser louco ou as duas coisas ao mesmo tempo e que tratava a namorada de um jeito abominável.

As obras de ficção podem nos dizer que Dallas não fica no mesmo país onde fica São Petersburgo ou que um óculo é a saliência central de uma voluta. Podem fazer referências a fatos que quase todo mundo está cansado de saber, contando pela enésima vez que um *seton* é um fio de material absorvente que é inserido sob a pele, com as pontas para fora, para promover a drenagem de líquidos ou impedir irritações. O que confere a essas obras um caráter ficcional é o fato de que tais dados são apresentados não por eles mesmos, como num manual de medicina, nem para qualquer finalidade prática. São utilizados para ajudar a construir uma certa maneira de enxergar. Assim, as obras de ficção podem torcer os fatos para se adaptarem a essa finalidade. São mais parecidas com os discursos de um político do que com um boletim meteorológico. Quando essas obras falseiam aspectos da realidade, supomos que o fazem por razões artísticas. Se um autor escreve sistematicamente "Buckingham", como o palácio real, mas trocando o B por um F, provavelmente vamos imaginar não que ele é um semiletrado, e sim que está expressando algum tipo de posição política. Não vamos acusar um autor de ignorância imperdoável se seus personagens do século XII não param de falar sobre The Smiths. Pode ser que o autor, tendo apenas escassos conhecimentos de história, realmente acredite que The Smiths viviam no século XII ou que Morrissey é um gênio tão extraordinário que é atemporal. Mas o fato de isso ocorrer numa obra ficcional nos deixa propensos a adotar a caridosa opinião de que se trata de uma distorção deliberada. É algo muito prático para poetas e romancistas. Na literatura, como um monarca entre cortesãos aduladores, você nunca está errado.

Um romance realista apresenta personagens e acontecimentos que parecem existir independentes dele. Mas sabemos que isso é uma ilusão e que a obra, na verdade, vai moldando esse mundo à medida que avança. É uma das razões pelas quais alguns teóricos afirmam que as obras literárias sempre se referem apenas a si mesmas. Nunca existiu nenhum Ahab ou Joe Christmas. Mesmo que descobríssemos que existe um Harry Potter na vida real, que hoje em dia é um dependente de heroína que mora num imóvel abandonado de Amsterdã, não faria a menor diferença para nossa leitura dos romances. Pode ser que realmente existisse um detetive chamado Sherlock Holmes e, sem que Conan Doyle soubesse, todos os episódios constantes nas histórias de Holmes tivessem efetivamente acontecido com ele, até o mais ínfimo detalhe. Nem por isso as histórias seriam sobre ele. Continuariam a ser ficcionais.

Esse caráter ficcional é uma das razões por que as obras literárias tendem a ser mais ambíguas do que as não literárias. Como não têm contextos práticos, dispomos de menos pistas para determinar o que significam, de modo que os personagens, os acontecimentos e as frases podem se prestar a diversas leituras. Ou talvez simplesmente os autores caiam na ambiguidade sem perceber, ou façam de propósito para enriquecer a obra. Entre essas ambiguidades há trocadilhos de sentido sexual. Um dos sonetos de Shakespeare, o CXXXVIII, começa com os versos *"When my love swears that she is made of truth,/ I do believe her, though I know she lies*" [Quando minha amada jura que é feita só de verdade,/ Acredito nela, embora saiba que está mentindo]. Além desse seu significado óbvio, também pode significar "Quando minha amada jura que é virgem de verdade [*maid, of truth*],/ Acredito nela, embora saiba que vai para a cama [*lies*]". Em *Clarissa*, de Richardson, lemos que Lovelace, que tem grande voracidade sexual e também gosta muito de escrever cartas, "leva sempre uma pena entre os dedos quando se retira". Claro que Richardson está ciente do duplo sentido. O mesmo vale para *Nicholas Nickleby*, de Dickens, romance que a certa altura nos mostra a recatada Mary Graham sentada ao lado de seu amado Tom Pinch, o qual está tocando seu órgão numa igreja rural. "Ela tocou seu órgão e este, seu velho companheiro de suas mais felizes horas, o qual ele julgara incapaz de se elevar, a partir daquele feliz instante iniciou uma nova e apoteótica existência." Apenas os mais caridosos ou ingênuos vão imaginar que essa ambiguidade não foi deliberada. Quando Jane Eyre nota com serena satisfação como é ampla e macia a mão do sr. Rochester, pode haver aí uma conotação menos inocente, embora provavelmente inconsciente. Já não parece ser tanto o caso no nome de um dos personagens de Henry James, que se chama Fanny Assingham [*Ass-in-hand*, "Cu-na-mão"].

***

Algumas obras literárias resistem mais à interpretação do que outras. Tal como a civilização se torna mais complexa e fragmentária, o mesmo ocorre com a experiência humana e seu veículo literário, que é a linguagem. A produção madura de Henry James tem tantas circunvoluções estilísticas que, certa vez, disseram que ele tem a barriga maior do que os olhos. Há um ensaio crítico inteiro sobre o primeiro parágrafo de seu romance *Os embaixadores*, tentando bravamente entender que cargas d'água é aquilo. O trecho que segue, extraído de *As asas da pomba*, não é nem de longe o exemplo mais tortuoso do estilo de sua fase final:

Ademais não era de maneira nenhuma por lhe faltar a noção dos gastos que ela parecia repreender a amiga, e sim por não ter a noção do terror, da frugalidade, a noção ou em alguma medida o hábito de uma dependência consciente dos outros. Tais momentos, quando toda a Wigmore Street, por exemplo, parecia se azafamar e a própria jovem pálida parecia estar vendo os azafamados, usualmente tão indiferenciados, como britânicos individuais também, britânicos em pessoa, partes de uma relação e talvez até admiráveis intrinsecamente – tais momentos em especial estabeleciam para Kate uma percepção da grande felicidade da liberdade de sua companheira.

Isso está a uma enorme distância de Dan Brown. Como muitos textos modernistas, a prosa de James se recusa a fluir com leveza. Impõe um desafio a uma cultura do consumo rápido. O leitor é obrigado a se dedicar a um árduo trabalho de decifração. É como se o leitor e o escritor se tornassem coautores da obra, na medida em que o leitor é sugado pelos giros e contorções da sintaxe, numa luta para desvendar o sentido do texto. James sente a necessidade de tecer sua sintaxe como uma teia de aranha, para captar todas as nuances da experiência e todas as fagulhas da consciência.

Essa hipersutileza é uma das várias razões pelas quais as obras literárias modernistas podem ser obscuras e de difícil interpretação. Marcel Proust, cuja prosa raramente deixa de ser cristalina, mesmo assim é capaz de criar sentenças que se estendem por meia página, cheias de becos labirínticos e travessas sintáticas, empurrando o sentido de uma passagem por várias esquinas gramaticais muito fechadas e curvas de quase 360 graus. *Ulisses* termina com uma sentença sem pontuação que se estende não por meia página, mas por umas sessenta páginas seguidas, prodigamente coalhadas de obscenidades. É como se a opacidade

Interpretação

e a complexidade da vida moderna começassem a se infiltrar na própria forma, e não apenas no conteúdo das obras literárias. O contraste com a ficção realista é muito claro. Em várias obras realistas, a linguagem é tratada para adquirir a aparência mais transparente possível, entregando seu significado sem muita resistência. Assim cria o efeito de apresentar a realidade em estado bruto. A esse respeito, podemos comparar o excerto de James com uma passagem típica de *Moll Flanders*, de Daniel Defoe:

> Fazia quase cinco semanas que eu estava de cama e, embora a violência da febre diminuísse em três semanas, ela voltou várias vezes; e os médicos disseram duas ou três vezes que não podiam fazer mais nada por mim, mas tinham de deixar a Natureza e a enfermidade combaterem até o fim, apenas fortalecendo a primeira com tônicos para sustentar a luta: ao fim de cinco semanas, melhorei, mas estava tão fraca, tão mudada, tão melancólica e me recuperando tão devagar que os médicos recearam que eu definhasse...

Esse tipo de linguagem não tem nenhuma densidade e textura. Ela é utilizada apenas como instrumento. Não faz sentido avaliá-la em função de si mesma. A prosa de Defoe se destina eminentemente ao consumo, sem atrair a mais leve atenção sobre si. O estilo de James, pelo contrário, esfrega em nosso nariz o fato de que tudo o que acontece numa obra de literatura acontece em termos de linguagem. Rompimentos tempestuosos e quedas trágicas são apenas um conjunto de sinais pretos. De tempos em tempos, essa linguagem pode se apagar modestamente, como em Defoe. Ao se fazer discreta, pode criar a impressão de nos dar acesso direto ao assunto que está sendo tratado. Pode sugerir que dispensa artifícios ou convenções. Mas é uma ilusão. A passagem de Defoe não está "mais próxima da realidade" do que a de James. Nenhum texto escrito está mais próximo da realidade do que qualquer outro. A relação entre linguagem e realidade não é espacial. Também é verdade que a prosa de Defoe opera com convenções tanto quanto, digamos, o *Lícidas*, de Milton. A questão é apenas que estamos mais acostumados com essas convenções e por isso não as percebemos.

Enquanto estamos nesse tema do realismo, vale observar um aspecto importante. Quando qualificamos uma obra como realista, não estamos dizendo que está mais próxima da realidade, em qualquer sentido absoluto, do que a literatura não realista. Estamos dizendo que ela se conforma ao que as pessoas de determinada época e local tendem a considerar como realidade. Suponha-se que nos deparamos com um texto de alguma cultura antiga que mostrava um intrigante interesse pelo comprimento das tíbias de seus personagens. Talvez concluíssemos que se tratava de algum extravagante voo vanguardista da imaginação. Então encontraríamos um relato histórico da mesma cultura e perceberíamos que o comprimento da tíbia era o fator que determinava a posição do indivíduo na escala social. Os de tíbias compridas eram banidos para o deserto, obrigados a comer esterco, enquanto os que apresentavam a menor distância possível entre o joelho e o tornozelo tinham excelentes chances de ser eleitos para o trono. Nesse caso, seríamos obrigados a reclassificar o texto como prosa realista.

Um visitante de Alpha Centauri que recebesse uma enciclopédia da história da humanidade, com todas as suas guerras, epidemias de fome, genocídios e massacres, poderia supor que se tratava de algum texto totalmente surrealista. Há muita coisa na história humana que é simplesmente inacreditável. Conceder o Prêmio Nobel da Paz a um político que bombardeou ilegalmente o Camboja é apenas um pequeno exemplo. Para a psicanálise, os sonhos e as fantasias nos aproximam mais da verdade sobre nós mesmos do que o estado de vigília. No entanto, se tais sonhos e fantasias fossem postos em forma de ficção, provavelmente não tomaríamos o resultado como uma obra realista. De todo modo, são pouquíssimas as obras puramente realistas. Muitos textos tidos como realistas apresentam aspectos extremamente improváveis. Em *O coração das trevas*, de Conrad, lemos que o rosto de uma mulher "tinha um aspecto trágico e ardente de sofrimento desvairado e doloroso acabrunhamento a que se mesclava o medo de alguma decisão que forcejava para tomar forma". Essa expressão facial impossível só existe no plano da linguagem. É difícil imaginar que mesmo o mais talentoso dos atores conseguisse parecer trágico, ardente, desvairado, acabrunhado, sofredor, temeroso e lutando para tomar uma decisão, tudo isso ao mesmo tempo. Um Oscar seria pouco para tal desempenho.

Se *Finnegans Wake*, de Joyce, é refratário à interpretação, em parte é porque está escrito em várias línguas diferentes ao mesmo tempo. Diziam que J.M. Synge, compatriota de Joyce, era a única pessoa capaz de escrever simultaneamente em inglês e irlandês. Como todos os demais escritos de Joyce, *Wake* revela uma profunda confiança no poder da palavra, mas isso não se aplica ao modernismo em geral. O modernismo costuma fazer a maior farra com as palavras, mas em geral não porque tenha robusta fé nelas. O mais usual é que desconfie da linguagem, como no caso de T.S. Eliot e Samuel Beckett. Pode ela realmente capturar a imediaticidade da experiência humana ou nos dar um vislumbre da verdade absoluta? Se pode, terá de ser adensada e deslocada, tornando-se mais intrincada e alusiva, e é por isso que algumas obras modernistas são tão difíceis de se decifrar. A linguagem em sua condição cotidiana é muito batida e sem autenticidade, e apenas usando de violência contra ela é possível que se torne flexível o suficiente para refletir nossa experiência. É desse período que herdamos os clichês altissonantes que refletem tantas atitudes do século XX em relação à linguagem: "há uma falha de comunicação", "as palavras são insuficientes", "o silêncio é muito mais eloquente do que a fala", "se eu conseguisse dizer, você entenderia". No cinema moderno, em especial na França, essas frases costumam ser trocadas entre duas pessoas na cama, fitando-se de maneira comovente, pontuadas por silêncios insuportavelmente longos.

* * *

Agora podemos passar para algumas das questões interpretativas que levantei no começo do livro. Vejamos este texto literário muito conhecido:

> *Baa baa black sheep,*
> *Have you any wool?*
> *Yes, sir, yes, sir,*
> *Three bags full.*
>
> *One for the master*
> *And one for the dame,*
> *And one for the little boy*
> *Who lives down the lane.* *

Claro que não é a peça literária mais sutil do mundo. Existem sondagens mais profundas da condição humana. Mesmo assim, o poema traz uma série de perguntas intrigantes. Para começar, quem diz os dois primeiros versos? Um narrador onisciente ou um personagem dialogando com o carneiro? E por que diz "*Baa baa black sheep, Have you any wool?*" em vez de, digamos, "Com sua licença, sr. carneiro preto (ou sra. ovelha preta), dispõe de alguma lã?". A indagação do eu poético é meramente acadêmica? Quer saber quanta lã o carneiro tem, só por curiosidade gratuita, ou há aqui algum motivo menos desinteressado?

É uma hipótese plausível que o eu poético faça a pergunta porque esteja querendo um pouco de lã para si. Nesse caso, porém, a maneira como ele se dirige ao animal ("*Baa baa black*

---

* Ao pé da letra: "Béé, béé, carneiro preto,/ Tem alguma lã?/ Tenho, tenho, sim, senhor,/ Três sacos cheios./ Um para o patrão,/ Um para a senhora/ E um para o menino/ Que mora lá adiante". (N.T.)

sheep") parece francamente esquisita. Talvez Béé béé seja o nome do carneiro e o eu poético esteja sendo educado. Talvez esteja sendo educado porque quer alguma coisa do carneiro. "*Baa baa black sheep*" teria o mesmo tipo de construção como "*Henry black sheep*" ou "*Emily black sheep*" (o gênero de *sheep* é indeterminado). Mas isso seria bastante implausível. Béé béé é um nome esquisito para um carneiro. Mais que um nome, parece o som da voz do animal. (Mas aqui há um problema de tradução. É quase certo que os carneiros japoneses ou coreanos não dizem *béé béé* nem *baa baa*. E talvez os carneiros da Rainha falem com uma pronúncia mais afetada e digam *bahr bahr*.)

Será que então o eu poético está imitando o animal na frente dele, soltando um balido satírico, como num "Mu-mu, dona vaca" ou "Au-au, cachorrinho"? Se for este o caso, é sem dúvida uma espantosa demonstração de falta de tato. Arremedar o jeito dos outros ao falar não é propriamente a tática mais segura para obter alguma coisa deles. Então esse eu poético não é apenas mal-educado; é também muito obtuso. Não enxerga que insultar o carneiro na cara dele prejudica diretamente seus próprios interesses. É sem dúvida uma espécie de carneirista, com um detestável ar de superioridade em relação a nossos colegas ovinos. Talvez tenha caído vítima de um estereótipo vulgar, supondo que os carneiros são tontos demais para se importar com esse tipo de tratamento.

Se assim for, é evidente que ele errou nos cálculos, pois o insulto não passa despercebido. "Tenho", responde o carneiro, "tenho, sim, alguma lã – na verdade, três sacos cheios. Um é para o patrão, outro para a senhora e outro para o menino que mora lá adiante. Mas nenhum para você, seu filho da mãe descarado." Essas últimas palavras, claro, estão apenas implícitas. Se falasse com todas as letras, o carneiro estragaria sua aparência esperta e calculada de afável cooperação. Ele responde à pergunta do eu poético com presteza e detalhes, mas não de uma maneira que o outro vá considerar muito satisfatória. Em parte, o que o animal faz é tomar equivocadamente, e de propósito, a pergunta como uma questão acadêmica. É astuto ao não cair na indireta do eu poético ("Posso ficar com um pouco de lã?"). É como aquele que pergunta na rua a um outro, "Sabe que horas são?", e este responde "Sei" e segue em frente. Respondeu à pergunta, sem extrair a inferência correta.

Nesse sentido, o poema ilustra um aspecto essencial do significado humano, a saber, o papel do implícito e da inferência. Se perguntamos à visita, "Você tomaria um café?", estamos indicando nossa disposição em lhe servir uma xícara de café. Imagine só alguém lhe perguntar isso e depois você descobre, quando o café não vem, que era apenas uma pergunta acadêmica, mais ou menos como "Quantas costureiras existiam em Gales no século XVI?" ou "Como tem passado?". O "Como tem passado?" não é um convite para você contar todo o seu recente histórico médico nos mais escabrosos detalhes.

Outra versão do poema diz "*But none for the little boy who lives down the lane*" ["Mas nenhum para o menino que mora lá adiante"]. (Quem tiver interesse em diferenças culturais pode notar que também existe mais de uma maneira de cantar esse poema. A versão britânica é levemente diferente da americana.) Talvez o menino que mora lá adiante seja o próprio eu poético, e esse seria um rodeio sardônico para informá-lo de que não há lã para ele. A recusa fica ainda mais sádica porque o carneiro tinha acabado de dizer que havia três sacos disponíveis, e assim, em princípio, um deles seria para o menino. Talvez o carneiro saiba o nome do eu poético, mas se recuse friamente a usá-lo, como forma de retaliação pelo ofensivo "béé béé". Ou talvez o menino não seja quem perguntou, e nesse caso é um pouco desconcertante que o carneiro o mencione. Seria uma informação que vai além do estritamente necessário. Quem sabe o carneiro esteja apenas demonstrando seu poder de dar ou negar lã a seu bel-prazer, como sinistra advertência ao interrogador. Pode ser sua maneira de dar o troco depois da impertinência inicial. Há aí, claramente, uma disputa de poder em andamento.

Interpretação

O que há de errado nessa análise, afora sua crassa improbabilidade? Claro que é o fato de se deter apenas no conteúdo, e não na forma. Também precisamos notar a concisão e economia dos versos, a maneira como se opõem a qualquer excesso ou exuberância verbal. À exceção de três palavras, todas as demais são monossílabos. A linguagem, sem imagens, pretende ao estilo realista obter uma transparência da palavra em relação à coisa. O esquema métrico é rigoroso – até mais, de fato, do que o padrão rímico, que tem uma meia rima ou rima toante (*dame* e *lane*). Pode-se ler cada verso com duas sílabas acentuadas (embora não seja a única maneira), o que restringe o que a voz falante pode fazer. Em contraste, um pentâmetro iâmbico como "*Shall I compare thee to a summer's day?*" ["Comparar-te-ei a um dia de verão?"] tem flexibilidade suficiente para ser recitado de inúmeras maneiras. Um ator pode escolher onde porá as tônicas, e pode também escolher o ritmo, a entonação, a altura e o volume que adotará. As cinco tônicas do metro (*Shall **I** compare thee **to** a **summer's day?***) fornecem um pano de fundo estável, sobre o qual podem transcorrer as improvisações da voz declamando. Um ator que pronunciasse o verso com as tônicas que acabei de marcar acima dificilmente seria aplaudido em pé.

O esquema métrico de "*Baa baa black sheep*", por sua vez, determina a maneira de recitar os versos com um rigor muito maior. Deixa menos espaço para a "personalidade" do recitador. Faz lembrar um pouco o contraste entre o sapateado e os rodopios numa boate. Devido à acentuação tão regular e enfática dos versos, parece mais um salmo ou um ritual do que um diálogo. Mesmo assim, seria possível usar a entonação para transmitir o tipo de interpretação que acabei de apresentar. Pode-se começar com uma onomatopeia sardônica ("Béé béé"), seguindo até chegar a um curto e imperioso "Tem alguma lã?", e então o carneiro pode recitar seus versos com uma elaborada falsa cortesia, com subtons agressivos abafados.

Uma parte do efeito do poema consiste no contraste entre sua forma e seu conteúdo. A forma é simples e singela – uma cantiga infantil que reduz a linguagem a um conjunto de breves notações. Sua clareza sugere um mundo onde as coisas são abertas e inequívocas. Mas, como vimos, dificilmente isso vem confirmado pelo conteúdo. Sua superfície transparente oculta toda uma série de conflitos, tensões, manipulações e mal-entendidos. Esses personagens podem não ter saído de um Henry James em sua fase final, mas o discurso deles é repleto de ambiguidades e insinuações. Sob o texto há um subtexto complexo de poder, malícia, dominação e falsa deferência. Poucas obras podem ser mais profundamente políticas. "Baa Baa Black Sheep" faz *O capital*, de Marx, parecer uma *Mary Poppins*.

Alguém acreditaria nisso? Difícil imaginar. Essa leitura acima parece ridícula demais até para ser levada em conta. Além de fantasiosa, passa por cima da questão do gênero. A cantiga infantil compõe um gênero ou tipo específico de literatura; como qualquer gênero, tem suas próprias regras e convenções. Uma delas é que os versos não devem significar muita coisa. É um equívoco tratá-los como se fossem *Fausto*, de Goethe, ou *Sonetos a Orfeu*, de Rilke. São cantigas ritualizadas, não diagnósticos da condição humana. As cantigas infantis são cantilenas comunitárias, voos da imaginação e formas de jogo verbal. Às vezes, consistem numa coleção de imagens que parecem bastante aleatórias e não se espera delas muita coesão narrativa. Há algo de estranhamente desconjuntado no fio da história (pense em "Little Miss Muffet", "Sing a Song of Sixpence" ou "Goosey Goosey Gander"), como se fossem fragmentos semiesquecidos de narrativas mais longas que se perderam nas brumas do tempo. "Hey Diddle Diddle, the Cat and the Fiddle" é um aglomerado eliotiano de imagens enigmáticas que se negam a formar uma narrativa unificada. Ler esses versos como se fossem *Casa soturna* ou *A duquesa de Malfi* seria tão equivocado como medir Paul McCartney por Mozart. São simplesmente modalidades diversas. Tais versos vêm repletos de pequenas charadas e alusões obscuras. "Humpty Dumpty", por exemplo, parece julgar digno de nota que os cavalos do rei não conseguiram recompor um ovo, muito embora não exista nenhum registro histórico de que algum cavalo tenha conseguido alguma vez fazer uma coisa dessas.

Nada disso, porém, resolve a questão se o poema pode ser lido da maneira que propus. Mas, note-se bem, não é o mesmo que perguntar se ele foi composto para ser lido desse modo. Com quase toda a certeza, não. Apesar disso, pode-se escolher interpretar um texto de maneiras que ele não previa ou nem podia prever. Talvez exista gente realmente excêntrica que acha os manuais de luminárias de mesa a coisa mais poética do mundo, com suas descrições de fios e plugues, e fica lendo vorazmente noite adentro. Esses manuais podem até ter sido causa de divórcio. Mas é improvável que o redator tivesse previsto esse uso. A questão, portanto, é por que "Baa Baa Black Sheep" não pode significar o que eu sugeri? Por que essa leitura é ilícita, se de fato o for?

Aqui não temos como apelar à intenção do autor, claro, porque não fazemos a menor ideia de quem foi. Mesmo que soubéssemos, não resolveria obrigatoriamente a questão. Os autores podem dar explicações de suas obras que parecem ainda mais absurdas do que a que dei para "Baa Baa Black Sheep". T.S. Eliot, por exemplo, certa vez descreveu "A terra desolada" como mera lamúria ritmada. O único problema desse comentário é que é visivelmente inverídico. Thomas Hardy negou inúmeras vezes ter tido alguma opinião, qualquer que fosse, sobre os assuntos controversos que apresentava em suas obras. Quando perguntaram a Robert Browning o que significava um de seus poemas mais obscuros, consta que ele respondeu: "Quando escrevi esse poema, Deus e Robert Browning sabiam o que significava. Agora, só Deus sabe". Se Sylvia Plath tivesse dito que sua poesia era sobre colecionar relógios antigos, provavelmente seríamos obrigados a concluir que ela estava enganada. Existem escritores que consideram suas obras como exemplos de grande seriedade, enquanto na verdade são tremendamente engraçados, num humor involuntário. Examinaremos um deles no final do livro. Outro exemplo é o Livro de Jonas, que decerto não pretendia ser engraçado, mas é extremamente cômico sem parecer se dar conta disso.

Os autores podem ter esquecido o que pretendiam dizer num poema ou numa história. Em todo caso, as obras de literatura não significam apenas uma coisa só. São capazes de gerar repertórios inteiros de significados, alguns dos quais se alteram à medida que a própria história vai mudando, e nem todos são necessariamente deliberados. Grande parte do que comentei sobre textos literários no primeiro capítulo iria parecer, sem dúvida, novidade para seus autores. Flann O'Brien provavelmente não percebeu que o parágrafo inicial de *O terceiro tira* pode ser entendido como uma indicação de que John Divney era um cabeça-dura, a ponto de empregar seu tempo transformando uma barra de ferro numa bomba de ar de bicicleta na intenção específica de usá-la para matar o velho Mathers. E.M. Forster talvez ficasse bastante surpreso ao saber que as quatro orações iniciais de *Uma passagem para a Índia* têm cerca de três tônicas cada. É pouco provável que Robert Lowell conseguisse fornecer uma explicação pormenorizada sobre o jogo entre a métrica e a sintaxe nos versos de abertura de "O cemitério quacre em Nantucket". Quando Yeats fala de uma "terrível beleza" em seu poema "Páscoa de 1916", a expressão pode estar se referindo tanto à sua amada Maud Gonne quanto à revolta militar em Dublin, mas é provável que ele tenha se esquecido disso.

Por trás da crença de que o autor é a chave do significado de uma obra está uma determinada concepção da literatura. É a doutrina da literatura como expressão pessoal, muito apreciada por alguns cursos de escrita criativa. Segundo essa teoria, uma obra literária é a expressão sincera de alguma experiência que o autor teve e que deseja partilhar com os outros. Essa é uma noção bastante recente, datando sobretudo do romantismo. Sem dúvida,

Interpretação

pareceria surpreendente a Homero, Dante e Chaucer. Alexander Pope a consideraria enigmática, Ezra Pound e T.S. Eliot torceriam o nariz. Não fica claro qual seria a experiência pessoal que o autor da *Ilíada* estaria tentando compartilhar conosco.

Em certos aspectos muito evidentes, a ideia de literatura como expressão pessoal é falha, ainda mais quando é tomada em sentido demasiado literal. Shakespeare, até onde sabemos, nunca encalhou na costa de uma ilha mágica, mas ainda assim *A tempestade* tem uma aura de autenticidade. E, mesmo que ele realmente tivesse passado algum tempo se alimentando de cocos e construindo uma jangada, nem por isso sua última criação teria sido melhor. O romancista Lawrence Durrell passou algum tempo em Alexandria, mas alguns leitores de seu *Quarteto de Alexandria* até prefeririam que não o tivesse. Quando Shakespeare fala da amada em seus sonetos, talvez nem tivesse amada alguma. Claro que para ele faria diferença, mas para nós não.

Não se deve converter a experiência pessoal em fetiche. Às vezes, aconselha-se aos aspirantes a escritor que se baseiem na própria experiência, mas como poderia ser diferente? Só podem tratar daquilo de que estão cientes, e essa ciência faz parte da experiência pessoal, da mesma forma que um tapinha na cabeça. Sófocles escreve *Édipo rei* a partir de sua experiência própria, embora seja improvável que ele fosse um parricida incestuoso, cego e exilado. Você pode ter a experiência da gula sem ser um guloso. Pode apreender o conceito de gula, discutir a ideia com outras pessoas, ler contos de gulosos que explodem por toda a sala depois de devorar tortas e mais tortas de carne de porco, e assim por diante. Não há por que um celibatário não possa se sair com uma representação da sexualidade humana mais sensível e perspicaz do que um libertino que se casou três vezes.

Um escritor pode ter a escrita como sua única experiência pessoal. Talvez os torturados sentimentos que ele registra sejam totalmente fictícios. Pode nunca ter tido um cágado chamado John Henry Newman nem ter vagueado tonto e sangrando pelas vielas de Tânger. Ou talvez ele cambaleie sangrando pelas vielas de Tânger a cada três dias, mas escreva a esse respeito de modo tão pouco convincente que suspeitamos do contrário. Não há muito por que espreitar por trás de um poema para ver se o poeta realmente sentiu o que diz ter sentido, a menos que ele esteja declarando sua paixão pela secretária e você seja a esposa dele. Imaginar que a experiência de um poema é algo que está "por trás" dele, que então o poeta luta para transpor para a linguagem, não é a melhor maneira de abordar a questão. Qual é a experiência "por trás" das palavras "Tu, ainda inviolada noiva da quietude"? E podemos identificá-la sem repetir as palavras, pura e simplesmente? A linguagem em poesia é uma realidade em si mesma, e não um mero veículo para algo diferente dela. A experiência que importa é a experiência do próprio poema. As ideias e os sentimentos pertinentes são aqueles que estão ligados às próprias palavras, e não a algo dissociável delas. Maus autores estragam bons poemas instilando neles seus sentimentos em profusas demonstrações emocionais, sem perceber que os sentimentos, em certo sentido, estão presentes na linguagem em si.

Mas certamente um autor deve ser sincero, não? A sinceridade não é um conceito que faça muito sentido numa discussão crítica. E, às vezes, tampouco faz muito sentido na vida real. Não justificamos Átila, o Huno, apontando que ele era sincero no que fazia. O que significaria dizer que Jane Austen foi sincera ao retratar o detestável sr. Collins, ou que Alexander Pope estava sendo sincero ao escrever "Pois os tolos correm por onde os anjos temem pisar"? Podemos dizer que um texto é vazio ou visceral, bombástico ou extremamente tocante, histriônico ou carregado de desprezo. Mas é diferente de falar sobre um autor nesses mesmos termos. Um escritor pode ser muito sincero e acabar criando uma obra que soa falsa. Não dá para ser ardorosamente sincero em palavras absurdas ou totalmente vazias. Fica difícil dizer com a sinceridade mais apaixonada que "te amo como amo um sucrilho girando de ponta-cabeça na axila de um triângulo isósceles". Aí não há nada que faça sentido, apaixonado ou não. Seria mais gentil me levarem a um médico do que a um cartório de registro civil.

Samuel Beckett está sendo sincero quando retrata a humanidade em termos tão desolados? É uma questão de expressão pessoal da parte dele? Não seria possível que o Beckett da vida real fosse um sujeito jovial e inocente, esperando a chegada iminente de um paraíso terrestre? Na verdade, sabemos que não. O Beckett da vida real era, sob alguns aspectos, um sujeito bastante melancólico, embora gostasse de uma bebida, de piadas e de um pouco de companhia alegre. Não se exclui que várias vezes fizesse os amigos rolarem no chão de tanto rir, apertando a barriga de tanto gargalhar, pedindo aos berros que ele parasse. Talvez também acreditasse que a humanidade estava destinada a um futuro glorioso. Talvez sua obra seja simplesmente uma tentativa de enxergar o mundo como uma paisagem pós-nuclear. Ou talvez a adoção temporária dessa atitude fosse, para ele, a maneira mais eficiente para escrever. Shakespeare podia criar alguns personagens niilistas muito convincentes (Iago, por exemplo, ou a psicopata Barnadine em *Elas por elas*) sem ser ele mesmo um niilista. Ou, pelo menos, até onde sabemos.

Duvidar que um autor possa ter pleno comando de seus significados não é sugerir que as obras literárias podem significar qualquer coisa que quisermos. Se lêssemos "Baa Baa Black Sheep" como um relatório sobre a eletrificação da União Soviética logo após a Revolução, ficaria um pouco difícil enxergar uma relação entre esse relatório e o texto em si, e surgiria um problema lógico sobre a validade de tal leitura para essa obra em particular. Aparentemente, não haveria razão alguma para não ser uma interpretação possível de qualquer obra literária. Talvez Stálin pensasse que *Paraíso perdido* também tratava da eletrificação na União Soviética. Da mesma forma, não é que "Orelhas de abano enormes marrom-avermelhadas" seja apenas uma resposta excêntrica à pergunta "Quantos anos você tem?". Simplesmente não é resposta. Parece não haver nenhuma ligação entre as duas frases. Quando dizemos que a "terrível beleza" de Yeats pode se referir, entre outras coisas, a Maud Gonne, não se trata de mera especulação, como seria se argumentássemos que o farol de Virginia Woolf é um símbolo da Revolta dos Sipaios. Podemos ver a figura de Maud Gonne nas palavras "terrível beleza" porque sabemos alguma coisa sobre o que ela significava para Yeats, quais ambiguidades e ressonâncias simbólicas ela lhe trazia, como ele a retratou em outros poemas seus e assim por diante. Os críticos têm de ser capazes de respaldar suas afirmações.

Isso nos reconduz ao problema da validade ou não dessa interpretação de "Baa Baa Black Sheep". Como responder a alguém que exclama: "Mas é claro que não pode significar isso!"? Uma resposta possível é dizer que acabei de demonstrar que pode. Defendi a interpretação linha por linha, acrescentando provas para minhas afirmativas e demonstrando que a leitura é coerente. Por que *é claro* que a expressão "Béé béé" não é um balido satírico do narrador? Onde está a prova disso? Quem diz que ele não estava de olho na lã do carneiro?

Por outro lado, onde está a prova de que estava? É verdade que o poema não afirma com todas as letras que o narrador está sendo grosseiro e arrogante, nem que o carneiro tenta astuciosamente dar o troco. Mas os textos literários muitas vezes operam por conotações tácitas. Na verdade, qualquer frase no mundo se baseia numa infinidade de conotações – tantas, de fato, que nunca conseguiríamos trazer todas à tona. Quando se diz "Leve o lixo para fora", geralmente entende-se que a frase se refere ao lixo de quem está falando. Não há indicação alguma de que a pessoa deva fazer uma viagem cara e complicada até Hollywood, para levar o lixo de Jack Nicholson para fora, mesmo que a frase não o exclua explicitamente. *A volta do parafuso* não nos diz que a narradora é psicótica, mas há conotações razoáveis para supô-lo. Graham Greene, em *Brighton Rock*, não nos diz que Pinkie, o protagonista malvado, está a caminho do inferno, mas o romance faria muito menos sentido se isso não fosse verdade. Supomos que Lear tem duas pernas, dois pulmões e um fígado, mas a peça não menciona esses fatos. O problema é o que conta como inferência razoável numa situação específica. E essa é uma questão de juízo e discernimento, que não pode ser reduzida a regras. É algo que simplesmente temos de argumentar.

Já admiti que minha explicação de "Baa Baa Black Sheep" quase certamente diverge do que pretendia o autor anônimo. Ou, a propósito, do que as crianças que recitam a cantiga imaginam que ela signifique. Meu argumento é simplesmente que os versos podem ser interpretados dessa maneira sem excluir nenhuma indicação vital do texto, sem entrar em contradição lógica nem encontrar qualquer implicação que não pudesse estar presente nos versos. Se, por exemplo, a pessoa se empenhasse em respeitar ao máximo possível o sentido original, "Béé béé" não poderia ser tomado como o barulho do motor de partida de uma moto, visto que a cantiga é muito anterior a tais máquinas. Se a interpretação do poema se baseasse na ideia de que o menino que mora lá adiante era o próprio narrador, ficaria seriamente prejudicada caso se descobrisse que existe uma convenção segundo a qual a expressão "o menino que mora lá adiante", quando usada em cantigas infantis, sempre se refere a quem fala, mais ou menos como a expressão "o Filho do Homem" no Novo Testamento, que, entre outras coisas, é uma maneira convencional no aramaico de se referir a si mesmo. O carneiro então estaria dando ou (em outra versão) negando lã a si mesmo. Mas essa convenção não existe.

Assim, não é que existam no texto indicações suficientes para vetar tal leitura do poema. A questão é que não existem indicações suficientes para respaldá-la. E é por isso que tal leitura parece fantasiosa e forçada. É possível, mas não persuasiva. Depende muito do tom, e, como, a rigor, não se ouve literalmente o tom em literatura, muitas vezes torna-se fonte de ambiguidades. Uma mudança de tom pode marcar uma mudança de significado.

A leitura provavelmente está encontrando no texto mais do que ele pode sustentar razoavelmente, mas não mais do que pode sustentar *logicamente*.

Dizer que minha interpretação do poema não é convincente significa dizer que ela ofende o sentido que costumamos dar às coisas, fato que não pode ser sumariamente descartado. Seria arrogância intelectual descartar as suposições e concordâncias tácitas entranhadas na vida cotidiana. Muitas vezes elas destilam muita sabedoria. Mas nem sempre se deve confiar no senso comum. A igualdade racial ofendia o senso comum no Alabama dos anos 1960. Quanto a interpretações fantasiosas, há quem sustente seriamente que "Goosey Goosey Gander" fala sobre o ataque das tropas de Cromwell às casas dos nobres católicos opositores, durante a guerra civil do século XVII na Inglaterra. O "Goosey" se refere ao passo de ganso dos soldados ao invadirem o quarto de uma nobre católica, enquanto o velho que é atirado escada abaixo por não rezar suas orações é um padre católico que se recusa a acatar as novas formas de culto protestante. Até pode ser verdade. Mas, na superfície, parece tão implausível como minha interpretação de "Baa Baa Black Sheep".

Há outro aspecto a notar. "Goosey Goosey Gander" talvez até versasse originalmente sobre os conflitos religiosos na Inglaterra seiscentista, mas não é isso o que entendem as crianças que hoje cantam a musiquinha no pátio de recreio da escola. Para elas, a cantiga fala apenas de um homem que sobe as escadas e entra no quarto da esposa. Isso quer dizer que a versão delas é inaceitável? De maneira nenhuma. Quer apenas dizer que o que os versos significam hoje para elas é diferente do que podem ter significado alguns séculos atrás. Mas isso se aplica a muitas obras literárias. E nem sempre o significado original, supondo que tenhamos acesso a ele, prevalece sobre o significado que a obra pode ter vindo a adquirir mais tarde. Talvez, em certo sentido, possamos entender uma obra do passado melhor do que seus contemporâneos. As noções psicanalíticas modernas, por exemplo, poderiam explicar

Interpretação

as "Canções da Experiência", de William Blake, melhor do que o tipo de conhecimento existente na época. A experiência do despotismo no século XX pode enriquecer nosso entendimento de *Júlio César*, de Shakespeare. É pouco provável que a figura de Shylock em *O mercador de Veneza* tivesse o mesmo sentido antes e depois do Holocausto. Se *Clarissa*, de Richardson, voltou a ser "leitura agradável" em nossa época, depois do desdém que sofreu no século XIX, deve-se em parte ao movimento feminista moderno. Sob certo aspecto, sabemos mais sobre o passado do que o passado sabia sobre si mesmo, porque sabemos ao que ele levou. De todo modo, viver um acontecimento histórico é diferente de entendê-lo. Apesar de tudo, existem formas de conhecimento histórico que simplesmente se perderam. Talvez nunca venhamos a saber com certeza o que pensavam as pessoas acorrendo em bandos para assistir a *Hamlet* em suas primeiras encenações sobre a moral da vingança, se é que elas mesmas sabiam.

Suponha-se que uma convenção do gênero da cantiga infantil fosse sempre esquadrinhar os versos em busca de significados ocultos. Algo parecido se aplica à tradição cabalística da interpretação bíblica. A exigência seria supor que há um fundo inesgotável de significados abstrusos no texto, esperando para serem desenterrados. Ou haveria a recomendação de enxergá-los ali. Como num teste de Rorschach, uma parte do significado de uma cantiga infantil consistiria em nós mesmos criarmos nosso sentido pessoal a partir dela. Ou em criarmos nosso próprio sentido, desde que esse sentido tivesse coerência lógica e parecesse compatível com as indicações do texto.

Nesses casos, minha interpretação de "Baa Baa Black Sheep" sem dúvida seria considerada aceitável. É uma leitura cuja validade não salta aos olhos. Ela não brada sua correção aos céus. Mas, nesse tipo de teoria da interpretação, não poderia ser excluída. Além disso, o poema talvez não signifique isso agora, mas algum dia pode vir a significar. Minha interpretação poderia se demonstrar uma profecia que se cumpre sozinha. Se ela pegar, coisa na qual confio tranquilamente, as gerações futuras das crianças que recitarem esses versos no pátio do recreio vão pensar espontaneamente em narradores mal-educados e carneiros astuciosos. Meu lugar na história estará garantido.

Na antiga prática judaica da *midrash*, ou interpretação das escrituras, às vezes considerava-se aceitável atribuir significados novos e altamente improváveis à Bíblia. A palavra *midrash* significa buscar ou investigar, e as escrituras sagradas eram consideradas semanticamente inesgotáveis. Podiam apresentar a cada comentador um sentido diferente toda vez que fossem estudadas. A Torá, ou escritura judaica sagrada, era tida como incompleta e cada geração de intérpretes devia ajudar a completá-la até atingir a perfeição. Nenhum deles, porém, jamais teria a última palavra. Além disso, se uma passagem não pudesse se aplicar às necessidades e preocupações de sua época, seria considerada letra morta. Precisava receber vida, sendo examinada à luz daquele momento. Não se entenderia realmente o texto a menos que se encontrasse uma maneira de colocá-lo em prática.

Minha leitura de "Baa Baa Black Sheep" não é desse tipo. Não estou fazendo nada tão tortuoso quanto apelar à *midrash* para justificá-la. Tampouco vem especialmente influenciada pelas necessidades e preocupações de nossa época, a não ser no sentido de que qualquer leitura o é. Ela também pretende ser fiel ao texto, sem praticar qualquer violência interpretativa flagrante. Em outras palavras, não é tão ousada nem tão radical quanto a *midrash*. Não afirma que o carneiro preto é Bono nem que os três sacos de lã representam três razões pelas quais a teoria neokeynesiana é inaplicável à economia húngara moderna.

Uma das razões pelas quais podemos tolerar interpretações tão manifestamente exóticas de um texto é que, quando se trata de literatura, não há muita coisa em jogo. Ninguém vai morrer nem perder o emprego por causa da questão se o narrador de "Baa Baa Black Sheep" é arrogante e dominador, a menos que eu ensine essa abordagem crítica a estudantes que depois me denunciarão ao diretor por incurável frivolidade e incompetência profissional. Mas as pessoas podem arriscar o emprego, a liberdade ou mesmo a vida caso um documento jurídico seja lido de modo demasiado livre. Às vezes, o que se quer é uma licença interpretativa, às vezes não, dependendo do "regime de leitura" que está em pauta. Quando se trata de placas de trânsito ou receitas médicas, o desejável é um sentido inequívoco e estritamente literal; em outras circunstâncias, como em piadas e poemas modernistas, o ponto central pode ser a graça ou a ambiguidade. Há ocasiões em que o significado precisa ser capturado a todo custo, e em outras vezes ele pode esvoaçar numa triunfal liberdade. Alguns teóricos literários diriam que, se a pessoa considerar essa leitura de "Baa Baa Black Sheep" instigante e provocadora, já é razão suficiente para adotá-la. Outros insistiriam que tais interpretações devem ser cognitivas, no sentido de nos proporcionar um conhecimento preciso da obra.

A melhor maneira de ver uma obra literária não é como um texto com sentido fixo, mas como matriz capaz de gerar todo um leque de significados possíveis. Mais do que conter significados, a obra os produz. Aqui também, isso não quer dizer que vale qualquer coisa. Talvez se possa imaginar alguma situação em que "Comparar-te-ei a um dia de verão?" signifique "Coce um pouco mais embaixo da omoplata". Talvez exista alguma tribo na floresta amazônica em cuja língua, numa incrível coincidência, os sons desse verso de Shakespeare sejam idênticos aos sons que fazem para pedir que lhes cocem um pouco mais embaixo da omoplata. Ou talvez algum tremendo cataclismo futuro transforme a língua inglesa de maneira tão radical que, quando alguém nos murmurar "Comparar-te-ei a um dia de verão?", imediatamente coçaremos suas costas. Mas, para nós e por ora, não é o que significa o verso de Shakespeare.

Uma razão para tal é que o significado é um assunto público. Não existe um significado que seja só meu, como um terreno que é propriedade minha. O significado não é uma questão de propriedade particular. Não posso decidir em meu âmbito privado que "fenomenologia hermenêutica" significa "Meryl Streep". O significado pertence à linguagem, e a linguagem destila a maneira como entendemos coletivamente o mundo. Não é algo que flutua solto. Pelo contrário, está ligado às maneiras como lidamos com a realidade – a valores, tradições, pressupostos, instituições e condições materiais de uma sociedade. Em suma, falamos como falamos por causa das coisas que fazemos. Para mudar decisivamente uma língua seria preciso mudar pelo menos uma parte disso. O significado não é fixo, no sentido de ser inerente a um conjunto específico de palavras. Se assim fosse, não haveria possibilidade de tradução. Se o significado é relativamente determinado, é porque não se resume apenas a uma questão verbal. Ele representa um acordo entre seres humanos num tempo e num espaço determinados, encarnando o que compartilham nos modos de agir, sentir e perceber. Mesmo quando divergem sobre tais coisas, as pessoas precisam concordar em alguma medida sobre o que estão discutindo, senão nem poderíamos dizer que o que estão fazendo é divergir. Não tem como discutir se Sofia tem mais atrativos do que Carolina se você pensa que são cidades e eu penso que são artistas de cinema.

Daí decorre que uma obra literária não pode significar algo somente para mim. Talvez eu veja nela algo que ninguém mais vê, mas o que eu vejo deve ser, em princípio, compartilhável com outras pessoas para que se possa considerá-lo como um significado. Na verdade, só posso formular um significado para mim na língua que compartilho com outros. Talvez as palavras "carneiro preto" me evoquem irresistivelmente Hugh Grant. A cada vez que alguém fala em carneiro preto, uma imagem de Hugh Grant pipoca espontaneamente na minha cabeça. Isso, porém, não faz parte do significado das palavras. É apenas uma associação pessoal fortuita. O significado não é objetivo como o são os estacionamentos municipais, mas tampouco é apenas subjetivo. O mesmo se aplica às obras literárias, como já comentei. São intercâmbios, não objetos materiais. Não há literatura sem leitor.

Além disso, a capacidade do leitor para fazer com que um poema ou um romance signifique alguma coisa é moldada por sua situação histórica. A cada momento, um texto só pode significar aquilo que o leitor tem capacidade de lhe atribuir como sentido. *Clarissa* não podia lançar luz sobre a teoria feminista para os leitores da época, mas para nós pode. Os leitores trazem ao texto literário todos os tipos de crenças e suposições (muitas vezes inconscientes). Entre elas, estará em primeiro lugar uma ideia aproximada do que é uma obra literária e alguma noção de o que fazer com ela. O que os leitores encontram no texto será moldado por suas convicções e expectativas, embora a obra também possa vir a transformá-las. Com efeito, para alguns críticos, é nisso que consiste a arte literária realmente excepcional. Pode-se entrar num poema como agnóstico e sair como testemunha de Jeová.

Não existe uma interpretação correta única de "Baa Baa Black Sheep" e, aliás, nem de qualquer outra obra literária. Mesmo assim, existem maneiras mais ou menos plausíveis de entendê-la. Uma leitura convincente precisa levar em conta os dados do texto, embora estabelecendo que esses próprios dados supõem interpretação. Alguém sempre pode protestar: "Não vejo isso como prova!" ou "De onde você tirou a ideia de que as bruxas de *Macbeth* têm um significado maléfico?". Os dados do texto geralmente podem ser interpretados de várias maneiras, e podem surgir conflitos entre essas versões. Talvez não exista uma maneira definitiva de decidir entre elas. E talvez nem seja necessário. Pode existir uma leitura convincente de uma obra literária que ninguém ainda aventou ou que nunca alguém aventará? Por que não? Talvez existam obras aguardando para serem lidas de maneiras novas, surpreendentes, esperando para realizarem seu pleno potencial graças a algum leitor ainda não nascido. Talvez apenas o futuro nos permita uma apreensão mais sólida do passado.

***

Para que um texto literário funcione, o leitor precisa fazer suposições constantes. Tome-se, por exemplo, a primeira frase deliciosamente inexpressiva do conto "O pequeno passeio do sr. Loveday": "" Você não verá muita mudança em seu pai', comentou Lady Moping, enquanto o carro entrava pelos portões do Hospício do Condado". Como qualquer linguagem, essa frase nos apresenta uma série de lacunas que precisamos preencher, mesmo de modo inconsciente, para fazer sentido. Sob esse aspecto, uma frase de ficção parece um pouco uma hipótese científica. Como uma hipótese, temos de testá-la de várias maneiras até encontrar um jeito que funcione. Supomos que o pai a quem Lady Moping se refere é seu marido (embora não tenhamos nenhuma prova disso até agora); que Lady Moping vai visitá-lo num manicômio, levando junto o filho ou a filha. Talvez também suponhamos que o marido é um paciente do hospício, o que torna engraçado o comentário "Você não verá muita mudança em seu pai". Pode ser uma forma de tranquilizar: "Não se preocupe, ele está como sempre, tão normal como era antes de vir para cá". Ou pode ser algo não tão tranquilizador: "Continua tão louco como era antes de ser trazido para cá". O que torna engraçada a observação é a ambiguidade, bem como a secura. O fato de Lady Moping prever como o filho ou a filha vai reagir ao pai ("Você não verá...") confere à declaração o ar imperioso de uma ordem. Talvez nos ocorra que seja algo típico de gente da nobreza.

Mas é possível que o marido de Lady Moping nem esteja internado. Pode ser um enfermeiro, um psiquiatra, um jardineiro. No entanto, é meio improvável por causa do título "Lady". Lady Moping é uma aristocrata, o marido provavelmente é Lorde Moping, e lordes nobres não costumam trabalhar como psiquiatras, muito menos como enfermeiros ou jardineiros. Além disso, existe o sentimento geral de que a nobreza inglesa é um pouco excêntrica, o que reforça a suspeita de que Lorde Moping esteja mais provavelmente recebendo do que dispensando cuidados médicos. Ademais, parece que o filho ou a filha não o vê faz algum tempo, pelo menos tempo suficiente para ter mudado, o que não seria o caso se ele fosse um jardineiro ou um psiquiatra. A construção gramatical da oração "enquanto o carro entrava pelos portões do Hospício do Condado" sugere que não é Lady Moping quem está dirigindo, sendo importante demais para uma atividade tão rasteira. Talvez esteja sentada ao lado do chofer no banco da frente.

Se os leitores fazem suposições sobre as obras literárias, as obras literárias também podem sugerir atitudes aos leitores. Certa vez, um crítico comentou que a posição de Swift em relação a seus leitores era "íntima, mas pouco amistosa". Há um toque de sadismo bem-humorado na maneira como *Tristram Shandy* convida o leitor a agir como uma espécie de coautor, mas, com isso, ele lhe impõe um imenso esforço para entender o texto. Uma obra pode segurar o leitor como um velho amigo numa longa conversa ou manter uma atitude formal, talvez até fria, em relação a ele. Pode firmar um pacto tácito com o leitor, tomando-o como um erudito das classes ociosas, que nutre seus mesmos valores civilizados. Ou pode decidir incomodar e desorientar quem pega o livro, promovendo um ataque a seus sentidos, derrubando suas convicções ou agredindo seu senso de decoro. Também há obras que parecem dar as costas ao público, conferenciando entre elas em caráter reservado, apenas com relutância deixando que suas reflexões sejam entreouvidas.

***

Todo conhecimento depende em certa medida de um processo de abstração. No caso da crítica literária, isso significa conseguir um distanciamento da obra e tentar vê-la como um todo. Não é fácil, até porque as obras literárias são processos temporais difíceis de serem expostos em conjunto. Também precisamos adotar um tipo de recuo que nos permita manter contato com a presença tangível da obra. Um dos modos de tentar captar um poema ou um romance como um todo é examinando seus temas, isto é, o padrão das preocupações que encontramos nele. Na análise de *Grandes esperanças*, de Charles Dickens, que apresento a seguir, essa é uma das coisas que pretendo mostrar.

    A forma mais insípida de crítica simplesmente conta o enredo da obra em outras palavras. Alguns estudantes imaginam que estão escrevendo uma crítica, quando estão, em larga medida, apenas parafraseando um texto, às vezes soltando um comentário avulso. Mesmo assim, recontar o que acontece numa novela ou num romance é muitas vezes inevitável – por isso, segue-se um breve resumo do romance de Dickens. O personagem principal, Pip, quando menino mora com a irmã adulta, a sra. Joe, e seu marido jovial e bondoso, Joe Gargery, que trabalha como ferreiro nas charnecas desoladas do sudeste da Inglaterra. A sra. Joe cria Pip com mão dura e pesada e inflige ao sofrido marido uma parte desse mesmo tratamento. Pip é órfão e um dia, quando está olhando o túmulo dos pais no cemitério da igreja, é abordado por um condenado, Abel Magwitch, que fugira de uma prisão-navio ali perto. Magwitch pede a Pip uma lima para remover a corrente do tornozelo, junto com um pouco de comida e bebida, e o garoto obedece, roubando essas coisas de casa. Mas Magwitch é recapturado e degredado em sentença perpétua para a colônia penal britânica na Austrália.

    Enquanto isso, Pip é convocado por uma senhora rica e excêntrica das vizinhanças, a srta. Havisham, para ir morar em sua decadente Satis House, a fim de fazer companhia e brincar com sua bela e arrogante protegida, Estella. A srta. Havisham teve a vida arruinada pelo namorado, que lhe deu o fora no dia do casamento, e o tempo na Satis House se deteve naquela hora fatal. Ela fica sentada como um esqueleto ou uma espectral estátua de cera entre os restos podres e cheios de vermes do banquete de casamento, usando seu vestido de noiva em frangalhos. Pip se apaixona por Estella, a quem a srta. Havisham está criando com a finalidade expressa de destroçar o coração dos homens, como vingança pelo tratamento que recebeu. O jovem Pip, sem saber, foi trazido para que Estella começasse a treinar.

Com a experiência na Satis House, Pip fica cada vez mais insatisfeito com a vida humilde que leva na oficina de ferreiro, onde trabalha como aprendiz de Joe. Alimenta o sonho de se tornar um cavalheiro e assim conquistar Estella, a qual declara seu desprezo pelo modo de vida plebeu de Pip. Enquanto isso, a sra. Joe é violentamente agredida na oficina pelo malvado Orlick, empregado de Joe, fica de cama por algum tempo, sem conseguir falar, e por fim morre. Então Joe se casa com Biddy, uma jovem professorinha agradável, menos dada a lhe dar puxões de orelha.

Um advogado londrino, Jaggers, chega para informar Pip de que um doador anônimo lhe legou uma fortuna e ele deve ir para a capital, para viver como cavalheiro. Pip, imaginando que o benfeitor é a srta. Havisham, que estaria a prepará-lo como bom partido para Estella, muda-se para a metrópole e, sob a tutela do sorumbático Jaggers, entrega-se a uma vida de ócio um tanto insatisfatória. Torna-se pedante e esnobe, desprezando seu passado e afetando uma odiosa superioridade para com Joe, que fica magoado, mas não reclama. Mesmo de origem humilde, ele antevê um futuro de cavalheiro falando o Standard English em vez do sotaque regional. (O mesmo ocorre com Oliver Twist, que foi criado num orfanato, mas fala como um contabilista oficial. Havia uma noção generalizada nos círculos vitorianos de que os heróis e heroínas não podiam aparecer trocando os erres ou comendo as vogais. O fato de que o Trapaceiro Esperto fala com sotaque *cockney* não deixa de estar relacionado ao fato de roubar lenços.)

Então, de repente, Magwitch reaparece em cena, tendo fugido da Austrália, e informa a Pip que é seu benfeitor secreto. Prosperou no exterior e transformou o menino em cavalheiro por gratidão pela ajuda que lhe dera nas charnecas. Pip fica horrorizado com a notícia e, de início, sente aversão pelo mecenas recém-descoberto. Magwitch, que saiu da Austrália ilegalmente, está sendo perseguido pelas autoridades, e Pip consegue embarcá-lo secretamente para sair do país. Mais uma vez, porém, o condenado é preso. É condenado à morte, mas morre antes que o enforquem. Os sentimentos de Pip em relação ao criminoso agora se abrandaram e ele descobre que Magwitch era o pai de Estella, mas não sabia disso. Estando o velho no leito de morte, Pip lhe conta que ele tem uma filha, a quem nosso herói ama ternamente. Com isso, concede ao velho condenado uma morte pacífica.

Agora, Pip sente amargo remorso pelo esnobismo anterior e por suas ambições sociais. Não estando mais na posse de sua fortuna, torna-se escriturário e depois sócio num negócio modesto. É acometido de uma doença grave, e Joe e Biddy o acolhem com grande alegria. Joe cuida de Pip feito uma criança, até recuperar a saúde, e depois disso ele reencontra Estella. Ela também está agora quase sem posses. A srta. Havisham morrera num incêndio em casa e, antes de falecer, arrependeu-se do que fizera para ferir o coração de Pip. Estella, temperada pelo sofrimento como o próprio Pip, também torna-se humilde e contrita. Os dois provavelmente se casam, embora o final original de Dickens fosse bem mais melancólico.

Esse é o esqueleto da narrativa, caridosamente despido de algumas coincidências absurdas e improbabilidades surreais. Quais são os padrões significativos que podemos discernir? Para começar, a quantidade extraordinária de falsos genitores na história. A sra. Joe é irmã de Pip, mas se comporta como sua mãe, enquanto o marido, Joe Gargery, está na posição de pai de Pip, mas é na verdade seu melhor amigo e irmão metafórico. No final, para complicar ainda mais, Pip reconhecerá em Joe seu verdadeiro pai espiritual. Nesse sentido, a família Gargery é uma horrível paródia de uma família convencional, em que a sra. Joe age como irmã e mãe de Pip e como esposa e mãe de Joe. Joe, por sua vez, age como irmão e pai de Pip. Faz-nos lembrar a canção satírica de Tom Lehrer sobre Édipo: "Ele amava a mãe sem comparação;/ A filha era sua irmã e o filho seu irmão". Perto do final, Pip cuidará de seu pai espiritual Magwitch como se fosse uma criança. Com isso, e conforme disse um crítico, ele se torna pai de seu pai. Há também uma espécie de solidariedade fraterna entre os dois, visto que ambos foram maltratados na infância, tal como há entre Pip e Joe. Se é para redimir o protagonista, é preciso perdoar o pai criminoso ou negligente, tal como Cordélia perdoa Lear, e o menino teimoso e desobediente deve, por sua vez, aceitar o perdão, aqui, no caso de Pip, o perdão concedido por Joe e Biddy.

 Em seu afeto e aconchego, a família nos primeiros Dickens muitas vezes aparece como um refúgio contra um mundo público hostil, o que se aplica neste romance ao cenário doméstico de Wemmick, o bondoso escriturário de Jaggers. Mas converter a família num porto seguro é agora uma tarefa tão árdua que a casa de Wemmick é de fato cercada por um fosso e só se chega a ela por uma ponte levadiça. Esse lar inglês é, quase literalmente, um castelo. A esfera pública e a esfera doméstica estão dissociadas. Somente assim esta última pode se proteger da dureza e insensibilidade daquela primeira. Dentro das paredes protetoras do lar de Wemmick, há um imenso afeto entre ele e o pai idoso, cômico e barulhento. A família de Pip, em contraste, é morbidamente disfuncional, com leves tons incestuosos. Há uma profunda perturbação sexual e doméstica na forja do ferreiro, bem como na Satis House. A palavra "forja" significa a oficina do ferreiro, mas também sugere fraude e impostura, o que evoca tanto a Satis House quanto à condição de Pip fingindo-se de cavalheiro. O amor e a sexualidade no mundo doentio da srta. Havisham estão associados à violência, à crueldade, ao poder, à fantasia e à duplicidade. O amor, neste romance, não é uma simples alternativa ao ódio e à dominação. Estão intimamente entrelaçados.

 O lar da infância de Pip está fisicamente ligado à forja, o que significa que, ao contrário do minicastelo de Wemmick, o mundo do trabalho se sobrepõe à esfera doméstica. O aspecto negativo disso é que a violência e a opressão do mundo público também se infiltram no mundo privado. O trabalho de ferreiro de Joe requer muita força física, que a sra. Joe também utiliza no tratamento que dá a Pip. Com efeito, Joe conta ao garoto que seu próprio pai, ferreiro que não gostava de trabalhar, "me malhava com um vigor que só se igualava ao vigor com que ele não malhava na bigorna". Pip usa a palavra "injusto" para o espancamento que sofre nas mãos da sra. Joe, o que associa a violência do mundo doméstico ao domínio público da lei, do crime e do castigo. A forja está associada ao ferro, e é com um pedaço de ferro que Orlick golpeia a sra. Joe.

Mas essa relação íntima entre trabalho e casa, esfera pública e esfera privada, também deve ser valorizada. Por bem ou por mal, há um mínimo de distância entre as duas esferas no lar dos Gargery. As qualidades de Joe como artesão estão relacionadas a suas virtudes de amigo e pai postiço. Os Dickens posteriores admiram mais os indivíduos com habilidades práticas do que os que vivem de títulos e ações. O trabalho manual é real, enquanto a riqueza de papel é parasitária, aproveitando-se do trabalho dos outros. Magwitch fez sua fortuna com o suor do rosto, coisa que não se pode dizer da srta. Havisham. Assim, há algo autêntico na forja, assim como há algo frágil e irreal no mundo da riqueza e do privilégio. Ao se mudar de sua casa rural para a elegante Londres, Pip está passando da realidade para a ilusão. Ao final, se quiser se redimir, terá de refazer a jornada em sentido inverso.

A srta. Havisham é mãe adotiva de Estella, enquanto Magwitch é um pai sucedâneo de Pip. "Sou seu segundo pai", diz a ele. "Você é meu filho, para mim mais do que qualquer filho." Como Magwitch também é o pai de verdade de Estella, temos aqui mais uma leve insinuação de incesto. Pip e Estella são, metaforicamente, irmãos. Com efeito, foi por pensar que a filha estava morta que Magwitch "adotou" Pip, como uma espécie de compensação. Mesmo o sr. Pumblechook, um velho trapaceiro melífluo, parente afastado de Pip, demonstra um falso interesse paternal por ele, enquanto Jaggers, que é o tutor de Pip, é mais um de seus patronos. O bondoso Wemmick também lhe dedica alguns cuidados paternais, ao passo que o amigo Herbert Pocket o ensina a se conduzir como cavalheiro.

Entre esses falsos pais, alguns são bons e outros são ruins. A sra. Joe e a srta. Havisham são mães postiças ruins, enquanto Joe, Jaggers e Wemmick são pais postiços bons. O mesmo quanto a Magwitch, embora em termos mais ambíguos. Mas, no livro inteiro, há pouquíssimos pais verdadeiros que sejam bons. A srta. Havisham é uma fada madrinha ruim (tem até forquilha e varinha), enquanto Magwitch é o gênio bom que realiza nossos desejos. Mas faz parte do folclore dos gênios e das fadas que nossos desejos raramente se tornem realidade tal como esperamos, o que certamente se aplica ao caso de Pip. O alimento mágico logo se transforma em cinzas na boca. Os sonhos de grandeza podem virar pesadelos.

O que fazemos com esses falsos patriarcas, adultos pueris, madrastas malvadas e irmãos semi-incestuosos? O romance *Grandes esperanças* está preocupado, entre outras coisas, com o que podemos chamar de questão das origens. De onde viemos realmente? Quais são as verdadeiras fontes de nossa existência? Para Freud, é uma pergunta que as crianças pequenas fazem, as quais podem fantasiar que não têm pais e nasceram sozinhas. Talvez todos nós nasçamos de nosso próprio ventre e assim possamos escapar à indignidade de depender dos outros para nossa vida. Ou talvez, como Deus, nunca tenha existido um momento em que não existíssemos. A criança talvez ache difícil pensar em suas origens porque tudo o que nasce também pode morrer. À medida que crescemos, temos de aceitar que, por mais livres e autônomos que nos imaginemos, não somos nossos próprios autores. O que nos situa é uma história sobre a qual temos pouco controle e da qual talvez não saibamos quase nada. Essa herança está em nossa carne, em nosso sangue, em nossos ossos e órgãos tanto quanto em nossas condições sociais. Dependemos para nossa existência, e, portanto, também para nossa própria liberdade e autonomia, de toda uma linhagem de outros indivíduos e acontecimentos, emaranhada demais para ser totalmente destrinçada. Há um enredo em andamento, mas não é fácil saber como nos encaixamos nele. Na raiz do eu está algo que não somos nós. É uma espécie de enigma com que temos de aprender a conviver.

A criança também pode fantasiar que sua família real não é a verdadeira. Talvez ela pertença na verdade a uma parentela muito mais glamorosa e tenha vindo parar com os atuais familiares devido a alguma troca de bebês. É o que Freud chamava de síndrome do romance familiar, que visivelmente aflige Pip. A Satis House representa a família da qual ele quer participar. É uma tremenda ironia, visto que a Satis House é uma casca podre, peçonhenta, abarrotada de fantasias. Ali moram apenas duas mulheres solitárias, uma delas provavelmente louca e a outra emocionalmente incapacitada, sem qualquer laço de sangue entre ambas. É um sinal da falsa consciência de Pip que ele prefira essa arena de sonhos doentios à vida na forja do ferreiro.

Pip entende mal a trama do romance. Ele pensa que é personagem numa trama, a da srta. Havisham, mas na verdade faz parte de outra, a de Magwitch. Nunca é fácil saber a que narrativa pertencemos. O herói comete um erro crasso sobre as origens de sua identidade – quem realmente o "criou". Pip supõe ser uma criação da srta. Havisham, mas na verdade ele é da lavra de um condenado. Há um enigma sobre as origens, tal como Magwitch aparece como um "mistério assustador" para Pip. No entanto, é um mistério que envolve mais do que o simples indivíduo. De onde vem a própria civilização humana? Quais são as fontes da nossa vida comum?

Para esse romance, a resposta é clara. A civilização tem suas raízes sombrias no crime, na violência, no trabalho bruto, no sofrimento, na injustiça, na desgraça e na opressão. O fato de ser Magwitch o benfeitor de Pip simboliza essa verdade mais profunda. É dessa raiz bruta que floresce o mundo da civilidade. "Vivi no duro", diz o condenado a Pip, "para que você vivesse no macio." É do trabalho pesado e da ilegalidade que nasce a boa fortuna de Pip. Sua vida ociosa em Londres tem, portanto, uma "nódoa de prisão e crime" que ele nunca consegue eliminar por completo. A riqueza da srta. Havisham, como a do mundo sofisticado de Londres onde ingressa Pip, também nasce da crueldade e da exploração. E o mundo elegante é tão inconsciente ou tão indiferente a isso quanto Pip é insciente de que a figura subterrânea de Magwitch é a verdadeira fonte de sua identidade. Mesmo Estella acaba mostrando suas origens criminosas, como a filha que Magwitch perdera muito tempo antes, além de suspeita de assassinato. É difícil ver como a civilização retratada no livro conseguiria sobreviver se adquirisse consciência de suas verdadeiras bases.

É uma visão espantosamente radical para ser defendida pelo romance. É, de fato, muito mais radical do que o próprio Dickens. Está distante de suas posições políticas na vida real. Ele era um reformista, não um revolucionário. Nesse sentido, *Grandes esperanças*, como alguns dos outros romances posteriores do autor, ilustra um aspecto que apontamos antes, a saber, que as opiniões de um escritor na vida real não coincidem obrigatoriamente com as atitudes reveladas na obra. "Confie na narrativa, nunca no narrador", dizia D.H. Lawrence. As simpatias do romance se situam com toda a clareza no lado do submundo do crime, não do mundo elegante que idolatrava o próprio Dickens. A Satis House revela o lado oculto e sombrio dessa respeitabilidade, enquanto os parentes hipócritas e gananciosos da srta. Havisham esperam sua morte como abutres prontos a cair sobre sua fortuna.

Joe, a pedra de toque moral do romance, torce para que Magwitch consiga escapar dos soldados que o perseguem nas charnecas. Quando Pip chega a Londres, uma das primeiras coisas que ele vê é a prisão de Newgate, onde os infelizes presos são açoitados e enforcados. Mais adiante, quando Magwitch é conduzido ao tribunal para receber a sentença capital, o romance faz um contraste entre os prisioneiros no cais, "alguns com ar de desafio, outros tomados de terror, alguns soluçando e chorando, outros cobrindo o rosto", e "os policiais com suas grandes correntes e penduricalhos, outros aparatos e monstros cívicos, pregoeiros, oficiais de justiça...". Ao longo de todo o livro, há a clara sugestão de que a sociedade convencional, com toda a sua respeitabilidade, é tão cruel e corrupta quanto o mundo dos ladrões e assassinos.

O romance sugere um paralelo entre a criança e o criminoso. Nenhum deles está totalmente dentro nem totalmente fora da sociedade ortodoxa; ambos são privados de privilégios, ambos sofrem dura opressão. Não têm as vantagens de uma boa instrução e estão ambos acostumados a receber ordens. A criança vitoriana não tem quase nenhuma liberdade, como um condenado no corredor da morte. O jovem Pip vive levando palmadas e pancadas, censuras e ameaças de adultos de formação evangélica, para os quais as crianças não são muito diferentes da prole de Satanás. Em certa passagem, as crianças aparecem explicitamente descritas como criminosos merecedores da forca, o que aponta para a solidariedade secreta entre Pip e Magwitch. Há também uma ligação literal entre as crianças e o crime no romance. Jaggers, que não é exatamente um liberal fervoroso, conta indignado a Pip que viu crianças "sendo presas, açoitadas, degredadas, abandonadas, proscritas, qualificadas sob todos os aspectos para o carrasco e crescendo para ir para a forca".

Como advogado temido e respeitado que parece estar em bons termos com praticamente todos os ex-presidiários de Londres, Jaggers opera na história como a ponte entre o submundo e o alto mundo. Em seu escritório, nas paredes, estão expostas as medonhas máscaras mortuárias dos condenados à forca. Visto que seus meios de vida derivam em parte da morte, ele é também um dos vários exemplos dos mortos-vivos do livro. Outro exemplo é Magwitch, cuja existência de prisioneiro é uma morte em vida. E também a srta. Havisham, congelada no momento da traição de seu amado, bem como a sra. Joe, que paira em algum lugar entre a vida e a morte depois que Orlick lhe esmaga o crânio. A morte da sra. Joe sugere que Pip não está apenas associado a um criminoso. Também é indiretamente culpado de assassinato. Foi ele quem roubou a lima que Magwitch utilizou para remover a corrente do tornozelo, e foi com essa corrente de ferro que Orlick atacou a sra. Joe. Sobre o herói paira a sombra de matricídio.

***

O início de *Grandes esperanças* apresenta uma cena grandiosa de desolação. Pip está sozinho nas charnecas baixas, desoladas, paludosas, vagueando entre as pedras tumulares do cemitério enquanto, não longe dali, há um navio-prisão ancorado e uma forca ou patíbulo. A morte, o crime e a desgraça humana convergem nesse simbolismo habilmente montado. Então, de repente, Magwitch avança sobre o menino, num momento de trauma primordial. O garoto aterrorizado se vê diante de uma figura monstruosamente estranha, que, como muitas dessas figuras na mitologia, é manca:

> Um homem assustador, todo de cinzento áspero, com um grande ferro na perna. Um homem sem chapéu, com sapatos estourados e um trapo velho amarrado na cabeça. Um homem que estava encharcado de água, coberto de lama, coxeando machucado por pedras, lanhado por lascas, picado por urtigas, rasgado por espinheiros; que mancava, tremia, rosnava, fitava feroz, com os dentes batendo quando me agarrou pelo queixo.

Há algo de animal ou inumano nessa aparição medonha. Mas é também a inumanidade do puramente humano – de um homem despido dos ornamentos da civilização – que faz um apelo desprotegido à humanidade de Pip. Ao atender àquele chamado, é como se o menino fizesse um pacto simbólico com todos os párias e despossuídos. Também estabelece uma solidariedade secreta com o pecado. Com efeito, não é difícil ler essa cena de atmosfera espectral como uma narrativa da Queda, embora, falando literalmente, Pip não caia, mas seja virado de ponta-cabeça pelo companheiro desesperado. Magwitch, de fato, deixará o mundo de Pip de pernas para o ar no decorrer da narrativa. É o primeiro contato do garoto com o crime e a miséria e, como tal, é a encenação de uma espécie de pecado original. Todos esses tipos de cenas incluem um sentimento de culpa – de ser apanhado em flagrante em alguma transgressão terrível; e Pip logo o terá também, ao temer o castigo por roubar coisas de sua própria casa. Vindo em auxílio de Magwitch, ele cai do estado de inocência, mesmo que tenha agido num gesto de piedade. Pôs-se fora da lei e, por mais que se esforce, nunca conseguirá retornar a ela.

Apesar de toda a compaixão pelos oprimidos, o romance se recusa a idealizar Magwitch. Na verdade, deixa-o vulnerável a algumas sérias críticas. Afinal, ele é a fonte involuntária de grande parte dos problemas de Pip ao lhe doar uma fortuna que o afasta da oficina de ferreiro. Sua generosidade pode ser vista como um gesto grotescamente descabido. Pip, afinal, não pediu para se tornar um cavalheiro, por mais que tenha gostado da perspectiva naquele momento. E Magwitch tampouco o consultou sobre o assunto. Agiu em favor de Pip, mas também para sua satisfação própria. Ele chega a falar com orgulho que "possui" seu protegido. Há uma tácita referência a Frankenstein e seu monstro. Como prisioneiro, Magwitch não está no comando de sua existência e termina colocando seu estimado Pip numa posição muito semelhante. Da mesma forma, Estella é uma marionete da srta. Havisham. No final, ela se volta encolerizada contra sua criadora, e Pip faz o mesmo com Magwitch, quando este retorna a Londres. É irresponsável da parte do criminoso doar uma parte de sua fortuna a um desconhecido quase completo e depois simplesmente recuar e admirar sua obra. Proceder assim não é apenas fechar os olhos à infelicidade que a riqueza pode trazer. É também exercer uma forma de poder sobre seu filho espiritual adotivo. Isso também ocorre de maneira evidente com a srta. Havisham e Estella. O poder espreita por trás de muitas relações nessa obra.

Em *Grandes esperanças*, há várias modalidades literárias em ação. Há realismo, mas também fantasia. A srta. Havisham não é propriamente o tipo de figura que encontraríamos numa loja da cidade, embora Magwitch pudesse passar razoavelmente como um segurança num local desses. E as várias coincidências forçadas do livro não têm qualquer verossimilhança. O romance também recorre à forma literária conhecida como *Bildungsroman*, a história da educação ou avanço espiritual de seu protagonista. E há ainda fortes elementos de fábula, aventura, mito e conto de fadas. Nisso, porém, o romance se diferencia de algumas obras anteriores de Dickens. Já vimos que alguns romances usam expedientes de contos de fadas para criar finais felizes que, de um ponto de vista realista, parecem inalcançáveis. *Jane Eyre*, por exemplo, consuma a reunificação entre Jane e seu patrão ferido, fazendo com que ela ouça a voz dele, bradando ao vento, a grande distância. Os primeiros Dickens são peritos em usar esses estratagemas. Mas *Grandes esperanças* enxerga através do conto de fadas. Reconhece que a fada boa, a srta. Havisham, na verdade é uma bruxa malvada, que os sonhos são maculados, o tesouro é corrupto e as ambições são feitas de ar. Abel Magwitch é um mago habilidoso, capaz de transformar um menino pobre num príncipe, mas a um preço pavorosamente alto. O elemento de aventura se estraga. Como sugere o nome "Havisham", ter (*to have*) é uma fraude, um embuste (*sham*). O desejo de ter é vazio.

Mesmo assim, a narrativa não é avessa a essa extravagante manipulação. Pip não acaba voltando à oficina. Pode viver como cavalheiro, agora diligente. Ele termina, em suma, como o homem de classe média que sonhava ser, mas agora não mais com os valores errados, e sim os certos. No que prossegue a manipulação, a morte horrenda da srta. Havisham é, entre outras coisas, a vingança do romance contra ela, por suas intenções desalmadas em relação ao protagonista. Pip se reconcilia com Magwitch, mas

Magwitch morre logo em seguida, o que é muito conveniente para garantir que Pip não fique preso a ele pelo resto da vida. Uma coisa é abraçar-se ao peito desse velho esquisitão rude, outra coisa é tê-lo no quarto de hóspedes pelos vinte anos seguintes.

O *Bildungsroman* é, acima de tudo, uma narrativa de progressão, mas a história de Pip é de regressão. Ele precisa voltar ao ponto de onde partiu para conhecer, nas palavras dos *Quatro quartetos*, de T.S. Eliot, o lugar pela primeira vez. Já se observou que o nome dele é um palíndromo, isto é, uma palavra que é igual de trás para frente ou da frente para trás, e Pip só pode ter um verdadeiro progresso voltando ao ponto de origem. Você só pode ser realmente independente se reconhecer as fontes desagradáveis de onde brota sua existência. Você poderá ser livre apenas aceitando que tem uma história que não foi você quem criou. Voltando para encarar de frente seu passado, você pode conseguir avançar aos tenteios. Se reprimir o passado, ele voltará de surpresa para se vingar, como quando Magwitch irrompe sem avisar nos alojamentos de Pip em Londres.

O romance começa com uma espécie de final (os túmulos dos pais de Pip no cemitério) e termina com um novo início, quando, depois de muitas provações, Pip e Estella partem para uma nova vida. A Satis House, por outro lado, é um lugar onde a narrativa ficou em suspenso. Lá, o tempo chegou a um beco sem saída, enquanto a srta. Havisham fica dando voltas em sua sala embolorada, sem chegar a lugar algum. À medida que a narrativa avança, também podemos notar que, embora apresentada na primeira pessoa, a história nos traz um retrato moralmente devastador do narrador. É um tributo à força de caráter de Pip que ele consiga ver, e permita que o leitor veja, o repulsivo arrivista em que ele se transformou. Sem dúvida, é a mesma força de caráter que vai ajudá-lo a seguir em frente.

Há alguns padrões de imagens importantes na história, que operam para reforçar os temas. Uma delas é a imagem do ferro, que aparece em várias formas: o ferro da perna de Magwitch, que

Interpretação

depois Orlick usará para agredir a sra. Joe; a lima que Pip rouba de Joe, que também reaparece adiante na história; o navio-prisão, que, com suas grandes correntes de atracagem, parece "posto a ferros como os prisioneiros"; o anel de casamento da sra. Joe, que arranha o rosto do jovem Pip num de seus castigos; e assim por diante. Magwitch, metaforicamente, forja correntes para Pip, mesmo que feitas de ouro e prata. Pip está legalmente "preso" como aprendiz, agrilhoado a um futuro de ferreiro que só lhe desperta desprezo. Assim, no romance, o ferro vem a simbolizar a violência e o encarceramento, mas também tem em si uma solidez e uma simplicidade que contrastam com o mundo vazio da Satis House e da alta sociedade londrina. O ferro indica também o que há de autêntico na forja e no submundo do crime, além de seus aspectos incômodos e grosseiros.

    Há também um padrão de imagens de alimentos que permeia a narrativa, e que é igualmente ambíguo. A comida, como o ferro, está associada ao poder e à violência. Magwitch ameaça devorar o pequeno Pip; a torta que o menino rouba para dar ao criminoso se torna fonte de culpa e terror para ele; o sr. Pumblechook conta uma história bizarra em que Pip vira um porco que é degolado, ao passo que a srta. Havisham fala que se tornará banquete de seus parentes de rapina. Mas a comida e a bebida também significam amizade e solidariedade, como nos presentes que Pip dá generosamente ao esfomeado Magwitch. O coração de Dickens bate mais forte quando sente o cheiro do bacon frigindo.

    Por essa apresentação do livro que acabo de fazer, ninguém imaginaria que ele pode ser extremamente engraçado. Joe Gargery é uma das melhores criações cômicas do autor. O romance faz muita troça dele, e ao mesmo tempo trata-o como o critério moral de toda a narrativa. A ambientação da forja de Joe nos fundões da zona rural, porém, pode sugerir que a virtude só consegue florescer quando isolada das influências sociais corruptoras. O mesmo se aplica ao castelo doméstico de

Wemmick. Há muito humor em outras partes do livro também. Dickens consegue ser engraçado mesmo quando descreve algumas realidades profundamente desagradáveis, o que sugere que uma das alternativas que ele oferece a essas coisas desagradáveis é a própria comédia. Em suas obras maduras, a bondade é notavelmente escassa; mas, mesmo que haja essa carência de bondade no mundo implacável mostrado pelos romances, a maneira como esse mundo é tratado contém uma grande virtude moral. A compaixão afetuosa, o talento imaginativo, o humor benévolo e a jovialidade de espírito que estão presentes na elaboração dessas obras significam que os valores morais de Dickens são indissociáveis da própria atividade de escrever.

Em *Grandes esperanças* trata-se sem dúvida de qual de seus mundos fictícios – o de Joe ou o da srta. Havisham – é mais real. *Oliver Twist*, por outro lado, está dividido, em dúvida se a subcultura criminosa de Fagin e seu bando de ladrõezinhos maltrapilhos tem mais conteúdo e substância do que o meio de classe média em que Oliver finalmente é acolhido. Será o submundo de Fagin um mero pesadelo passageiro, do qual felizmente se desperta entre os braços de parentes abastados? Ou seu antro sórdido será mais sólido do que a sala de estar de Brownlow? Há algo de anarquicamente divertido no modo de vida de Fagin, o que dificilmente se diria do estilo de vida polido e educado do sr. Brownlow. Fagin pode ser outro falso patriarca, mas sabe fazer uma linguiça deliciosa, coisa que, aos olhos de Dickens, pesa muito em seu favor. Ele e seus aprendizes de mão leve podem estar envolvidos em roubos e violências, além de alguns outros vícios menos mencionáveis; mas também representam uma paródia distorcida de uma família (as únicas mulheres são prostitutas), e uma família mais barulhenta e divertida do que o ambiente de Gargery.

De fato, a desaprovação oficial do romance a esse bando de malandros não condiz muito com o que é mostrado. Fagin pode ser um velhaco, mas, como o próprio Dickens, também comanda um espetáculo diante de um público entusiástico. Quando o Trapaceiro Esperto, arrastado a um tribunal, escarnece dizendo: "Isso aqui não é o local da justiça", não há muita dúvida de que o romance endossa esse seu juízo. Venha o que vier, o Trapaceiro será condenado. Apesar disso, Brownlow e família são genuinamente compassivos e afetuosos, o que certamente Fagin e Bill Sykes não são. Oliver tem futuro com eles, coisa que não tem num antro de ladrões. A sociedade de classe média não deve ser desconsiderada como meramente superficial. Nem todos os seus integrantes são frívolos. Os valores civilizados como os de Brownlow incluem abrigar os fracos e desamparados. Não é apenas uma questão de não assoar o nariz na toalha de mesa.

Vimos que Pip se recupera de uma febre e se vê de volta à companhia afetuosa de Joe. Oliver, de maneira bastante similar, reaparece depois de uma longa doença e se encontra no lar elegante de Brownlow, a salvo, por algum tempo, das garras criminosas de Fagin. Os dois heróis fazem uma transição de um mundo a outro, mas em direções diferentes. Oliver é resgatado das classes inferiores e levado à sociedade civilizada, enquanto Pip retorna da sociedade civilizada para as classes inferiores. O fato de tomarem direções opostas reflete respostas diferentes à pergunta sobre qual dessas esferas da vida é mais genuína. Em certo sentido, porém, *Grandes esperanças* reúne o melhor dos dois mundos. Pip não ficará na oficina de ferreiro. Retomará sua vida na sociedade respeitável, mesmo que numa escala menos extravagante. Ele deixa a forja, volta e depois parte outra vez. Não é exatamente uma história de sair da miséria para a riqueza e voltar à condição inicial. É mais uma questão de sair da miséria para uma condição de classe média.

Desnecessário dizer que deixei de examinar muitas coisas da narrativa. Todas as interpretações são parciais e provisórias. Não existe palavra final. Mas talvez valha a pena notar o que essa breve análise tenta fazer. Recuando e deixando de acompanhar o fluxo da narrativa, ela se detém em algumas ideias e preocupações recorrentes. Observa alguns paralelos, contrastes e ligações. Tenta ver o personagem não isoladamente, mas como elemento num conjunto que inclui tema, enredo, imagens e simbolismo. Examina brevemente o uso da linguagem para criar um estado de espírito e um clima emocional. A análise presta atenção à forma e à estrutura da narrativa, e não apenas ao que diz o relato. Avalia as atitudes do romance em relação a seus personagens. Observa de passagem as várias modalidades literárias (realismo, fábula, fantasia, aventuras etc.) que estão presentes no texto. Examina algumas discrepâncias e ambiguidades no romance.

Também levanto questões sobre a visão moral do livro, mas um leitor sempre pode querer indagar sobre a validade dessa visão. Será realmente verdade que a civilização tem suas raízes no crime e na desgraça, ou será esta uma visão pessimista demais? Tais perguntas são plenamente legítimas. Não precisamos subscrever o modo de ver as coisas de uma obra literária. Sempre podemos reclamar que *Grandes esperanças* faz um juízo genérico demais sobre a sociedade de classe média, apressa-se demais em ver a lei como mera opressão e dureza, mostra uma obsessão demasiado mórbida com a morte e a violência, trata Joe com excessivo sentimentalismo. A ausência de qualquer figura feminina positiva no romance, à exceção de Biddy, também pode merecer nossa atenção.

∗∗∗

Ambos, Pip e Oliver, perderam os pais. Assim, fazem parte de uma distinta linhagem de órfãos, semiórfãos, adotados, enjeitados, bastardos, melancólicos enteados e suspeitos de troca ao nascimento que povoam as páginas da literatura inglesa, desde Tom Jones a Harry Potter. Há várias razões para que os órfãos sejam tão irresistíveis para os autores. Em primeiro lugar, como figuras carentes, muitas vezes desprezadas, têm de abrir caminho no mundo por conta própria, o que desperta nossa compaixão e também nossa aprovação. Sentimos pena da solidão e da ansiedade deles, e admiramos o empenho de vencer pelo próprio esforço. Os órfãos tendem a se sentir vulneráveis e maltratados, o que então pode servir como uma crítica simbólica à sociedade como um todo. Nas obras maduras de Dickens, é como se a ordem social convertesse a todos nós em órfãos, tendo abandonado suas responsabilidades aos cidadãos. A própria sociedade é um falso patriarca. Todos os homens e mulheres precisam carregar o fardo de um pai imprestável.

Além disso, os romances, incluídos os vitorianos, têm fascínio pelos personagens que saem da miséria e alcançam a riqueza por esforço próprio. É um ensaio prévio do sonho americano. Na verdade, o fato de serem órfãos até facilita o progresso. Têm menos história para tolher o avanço. Não ficam presos numa rede complicada de parentescos e podem seguir sozinhos. Em *Filhos e amantes*, de D.H. Lawrence, Paul Morel de certa forma como que mata a mãe. No final da história, ele vai embora para seguir uma vida mais independente. Enquanto os romances realistas, como vimos, costumam terminar com algum tipo de situação estável, no romance modernista típico alguém acaba indo embora solitário e desencantado, sem resolver seus problemas, mas livre das obrigações sociais ou domésticas.

Os órfãos são figuras anômalas: nem dentro, nem fora das famílias adotivas. Vivem acuados pelas circunstâncias. O órfão está ali a mais, deslocado, o curinga no baralho doméstico. É esse descompasso que então põe a narrativa em movimento. Assim, os órfãos são bons recursos para contar histórias. Se somos leitores vitorianos, sabemos que eles vão se dar bem no final do livro, mas ficamos curiosos em saber como a história vai se desenrolar e quais serão as interessantes vicissitudes que poderão enfrentar pelo caminho. Então sentimos ao mesmo tempo desconforto e tranquilidade, o que é sempre uma ambiguidade muito agradável. Os filmes de horror nos assustam com suas fantasmagorias, mas também nos tranquilizam porque sabemos que o horror deles não é real.

Hoje em dia, o órfão predileto da literatura inglesa é Harry Potter. A vida de Harry com a repulsiva família Dursley não é muito diferente das experiências de Pip quando menino, nem das de Jane Eyre ainda mocinha na família Reid. Mas, no caso de Harry, a síndrome freudiana do romance familiar realmente se torna verdade. Ele pertence de fato a uma família mais charmosa do que os Dursley. Aliás, ao ingressar na escola Hogwarts em *Harry Potter e a pedra filosofal*, ele descobre que já é uma celebridade. Faz parte de uma linhagem de mágicos que são superiores não só aos Dursleys, o que não seria muito difícil, mas aos Trouxas (humanos sem o dom da magia) como tal. Seus pais não eram apenas feiticeiros consumados, mas ilustres e altamente respeitados. Numa inversão de *Grandes esperanças*, afinal, a fantasia é verdade. Ao contrário de Pip, Harry não precisa se tornar uma pessoa especial. Ele já *é* uma pessoa especial. Na verdade, há inequívocas sugestões de que é o Messias, status ao qual nem Pip, em sua ascensão social, aspira. Tal como Jaggers chega para dar a Pip a notícia de suas grandes esperanças, assim também o enorme e peludo Hagrid aparece para revelar a Harry sua verdadeira história e identidade, empurrando-o para o futuro privilegiado que lhe está reservado. Como Harry é um garoto modesto, sem ambições próprias, é uma figura mais simpática do que o arrivista Pip. Sua boa sorte lhe é dada de bandeja, sem ter trabalhado por ela.

Harry tem um padrasto ruim na figura brutal do sr. Dursley, mas compensa esse infortúnio com uma sucessão inteira de bons padrastos, desde o velho e sábio Dumbledore a Hagrid e Sirius Black. Tem um lar real com os Dursleys, que nada tem do aconchego de um lar, e um lar de fantasia (Hogwarts) de que realmente faz parte. Assim, os romances de Harry Potter fazem uma distinção entre fantasia e realidade, mas também questionam essa distinção. Dumbledore diz a Harry que só porque tem alguma coisa acontecendo dentro da cabeça dele não significa que ela seja real. A fantasia e a realidade cotidiana convergem no próprio texto, que se situa em algum lugar entre o realismo e o não realismo. Os livros retratam um mundo realista onde ocorrem acontecimentos crassamente improváveis. Os leitores precisam reconhecer sua própria realidade no romance para poderem ter o prazer de vê-la transformada pelo poder da magia. Visto que a maioria de seus leitores são crianças, geralmente com pouco poder ou autoridade, certamente é muito gratificante ver outras crianças dotadas de poderes prodigiosos. Assim, a mescla de realismo e não realismo é essencial, embora surjam incongruências em quase todas as páginas, devido a essa maneira de colocar o familiar e o exótico lado a lado. Os personagens lançam feitiços ao mesmo tempo em que usam calça jeans. As vassouras levantam pó e cascalho quando aterrissam. Os Comensais da Morte e a tia Muriel convivem de perto. Criaturas irreais entram e saem por portas reais. A certa altura, Harry usa sua varinha para limpar um lenço sujo que usou para esfregar um fogão. Por que não usar simplesmente a varinha para limpar o fogão?

Se a mágica pudesse resolver todos os problemas humanos, não haveria narrativa. Já vimos que, para uma história decolar, os personagens precisam se deparar com infortúnios, revelações ou mudanças da sorte. Nos romances de Potter, essa perturbação não pode nascer de um choque entre magia e realidade, visto que a magia triunfaria sem esforço e não haveria nenhuma aventura para contar. Então, ela precisa brotar de uma divisão dentro do próprio mundo da magia, entre feiticeiros bons e maus. Os poderes mágicos têm dois gumes. Podem ser usados tanto para o bem quanto para o mal. Somente assim é possível criar e desenvolver um enredo. No entanto, isso significa que os bons e os maus não são os exatos opostos que aparentam ser. Podem brotar da mesma fonte. A palavra "*Hallows*", no título *Harry Potter and the Deathly Hallows* (*Harry Potter e as relíquias da morte*), deriva de um termo que significa consagrar ou santificar, e assim é um pouco estranho vê-lo diretamente ligado ao adjetivo "*deathly*". Isso nos relembra que o termo "*sacred*" originalmente significava abençoado e amaldiçoado. Vimos que os romances põem a fantasia em contraste com a realidade, mostrando também como as duas esferas estão interligadas. Da mesma forma, eles insistem num conflito absoluto entre as potências da luz e as forças das trevas – entre o altruísta Harry e o malévolo Voldemort –, mas ao mesmo tempo questionam constantemente essa antítese.

Isso fica evidente de várias maneiras. Por exemplo, as boas figuras paternas como Dumbledore podem vir a parecer malignas. Como Magwitch em *Grandes esperanças*, Dumbledore trabalha num plano secreto para a salvação de Harry; mas, tal como os planos de Magwitch para Pip, às vezes nos perguntamos se as tramas de Dumbledore são totalmente bem-intencionadas. Dumbledore acaba se revelando ao lado dos anjos, mas tem falhas, e isso complica muito um antagonismo entre o bem e o mal. O mesmo acontece com a carreira ambígua de Severus Snape. Além disso, Voldemort não é meramente um inimigo de Harry. É também seu pai simbólico e seu monstruoso alter ego. O combate entre os dois faz lembrar o de Luke Skywalker e Darth Vader em *Guerra nas estrelas*, até no V do nome do vilão.

Vá lá que Voldemort não é o verdadeiro progenitor de Harry, como Darth Vader é o de Luke; mas há um elemento vital seu instalado em Harry, assim como há um elemento genético de nossos pais em todos nós. Assim, quando Harry tenta destruir o Senhor das Trevas, está também combatendo a si mesmo. O verdadeiro inimigo é sempre o inimigo interno. Harry fica dilacerado entre seu ódio àquele déspota e sua relutante intimidade com ele. "Odeio que ele possa entrar dentro de mim", protesta ele. "Mas vou usar isso." Harry e Voldemort, num certo nível, são iguais. Como tantos rivais lendários, um é a imagem refletida do outro. Mas Harry pode tirar vantagem de seu acesso à mente do vilão, a fim de derrotá-lo.

Voldemort é a imagem do pai tremendamente cruel e opressor, em vez de afetuoso e inspirador, como são os verdadeiros progenitores de Harry. Ele representa o pai como a Lei proibitiva ou como o superego, que, para Freud, é uma força dentro do próprio indivíduo, e não uma autoridade externa. Esse lado sombrio da figura patriarcal, no pensamento de Freud, vem associado à ameaça de ferimento e castração. Se Harry tem uma cicatriz na testa que o liga a Voldemort por uma espécie de linha psíquica direta, pode-se dizer que o restante da humanidade traz cicatrizes psicológicas de origens semelhantes. Como Voldemort quer reivindicar Harry para si, o herói se torna um campo de batalha entre as forças da luz e as das trevas. Com efeito, a história escapa à tragédia por um triz. Como muitas figuras redentoras, Harry precisa morrer para restaurar a vida aos outros. Sem sua morte, tampouco Voldemort poderá morrer. No entanto, tal como as histórias infantis são tradicionalmente cômicas, para que os pequeninos não percam o sono assustados com o trauma, assim também a narrativa congrega todo um leque de recursos mágicos para salvar Harry de seu destino. As palavras que fecham o romance são as últimas palavras implícitas em qualquer comédia: "Tudo ficou bem".

    O que mais um crítico literário pode desvendar nessas histórias? Elas têm uma dimensão política, quando uma elite fascista de magos hostis a seus pares que têm sangue Trouxa entra em combate com feiticeiros mais esclarecidos. Isso traz algumas perguntas importantes. Como ser "outro" sem se sentir superior? Como uma minoria se diferencia de uma elite? É possível alguém se apartar da massa comum de homens e mulheres, como os feiticeiros e as bruxas se apartam dos Trouxas, e ainda manter alguma solidariedade com eles? Há aqui uma questão tácita referente às relações entre crianças e adultos, que encontram uma espécie de alegoria na relação magos/Trouxas. As crianças constituem uma espécie de enigma, semelhantes, mas diferentes dos adultos. Como os habitantes de Hogwarts, elas vivem num mundo próprio, embora seja um mundo com alguns pontos de sobreposição com a esfera adulta. É preciso reconhecer as diferenças das crianças em relação aos adultos para que possam ser avaliadas pelo que são, mas não a ponto de serem tratadas como um "outro" ameaçador. Esse é um erro cometido por alguns evangélicos vitorianos, que tratavam os filhos como seres desobedientes e incorrigíveis. Isso também se vê em alguns filmes de horror modernos. Há algo na alteridade das crianças que nos leva a vê-las como alienígenas e espíritos maléficos, como em *E.T.* e *O exorcista*. A criança como assombração é o equivalente moderno da criança como pecado. Freud deu o nome de "misterioso" àquelas coisas que são ao mesmo tempo estranhas e familiares. Mas se é um erro imaginar que todas as crianças soltam um vômito multicolorido à primeira oportunidade, também é um erro tratá-las como adultos em miniatura, como se fazia antes da chamada invenção da infância. (As crianças na literatura inglesa começam com Blake e Wordsworth.) Da mesma forma, é necessário registrar as diferenças entre grupos étnicos, mas não a ponto de converter a alteridade em fetiche e obscurecer a enorme quantidade de coisas que eles têm em comum.

Outro aspecto digno de nota nos livros é o número de sílabas nos nomes dos personagens principais. Na Inglaterra, as pessoas da elite costumam ter nomes mais compridos do que a classe trabalhadora. Muitas sílabas podem indicar outros tipos de prosperidade. Alguém que se chamasse Fiona Fortescue--Arbuthnot-Smythe dificilmente apareceria gritando algum cumprimento numa viela de Liverpool, mas um Joe Doyle bem que o faria. Hermione Granger, cujo primeiro nome é bastante comum nos círculos de classe média alta na Inglaterra e cujo sobrenome sugere um solar no campo (*grange*), é a mais refinada no trio de protagonistas, com nada menos de seis sílabas no nome e sobrenome. (Alguns americanos pronunciam "Hermione" errado, com apenas três sílabas.) Harry Potter, o herói de classe média convencional, tem quatro sílabas bem equilibradas, o que não é excessivo nem mesquinho, enquanto o plebeu Ron Weasley fica com três parcas sílabas. O sobrenome dele lembra a palavra *weasel* ("doninha"), que significa um sujeito traiçoeiro ou dissimulado.

Interpretação

As doninhas não são propriamente animais muito imponentes, e assim podem emprestar sem problemas seu nome a personagens humildes como Ron.

Também podemos apontar a quantidade notável de palavras que começam com V, como Voldemort, e têm conotações negativas: vil, vilão, vício, vândalo, veneno, voraz, venal, vaidoso, vão, vitupério, vampiro, virulento, vulgar, voyeur, vômito, vertigem, vexame, vileza, víbora, virago, violento, vingativo, verme, vadio, vilipêndio, vacuidade, vexatório e (para os fãs da música irlandesa tradicional) Van Morrison. Um sinal em V é um gesto insultante, simbolizando a castração. Voldemort significa "voo de morte" em francês, mas pode conter também uma alusão a *vole* (rato-silvestre), outra criatura longe de majestosa. Talvez contenha também uma alusão a *vault* (como cripta) e *mould* (como mofo).

Alguns críticos literários nem considerariam os romances de Harry Potter dignos de comentário. Na opinião deles, não têm mérito suficiente para serem tidos como literatura. É dessa questão de bom e ruim em literatura que trataremos a seguir.

Capítulo 5

Valor

O que torna uma obra literária boa, ruim ou indiferente? São muitas as respostas ao longo dos séculos. Profundidade, verossimilhança, unidade formal, apelo universal, complexidade moral, originalidade verbal, concepção criativa: todos esses aspectos já foram apontados, uma vez ou outra, como marcas características da grandeza literária, para não falar de mais um ou dois critérios duvidosos, como dar voz ao espírito indômito da nação ou elevar o nível de produção do aço retratando os metalúrgicos como heróis épicos.

Para alguns críticos, a originalidade vale muito. Quanto mais a obra consegue romper com a tradição e a convenção, inaugurando algo genuinamente novo, mais provável que seja tida em alta consideração. Muitos filósofos e poetas românticos pensavam assim. Mas basta um momento de reflexão para lançar algumas dúvidas. Nem tudo o que é novo tem valor. Armas químicas são coisa recente, mas nem por isso todos vão gostar delas. E nem toda tradição é vazia e desinteressante. Não se resume a um bando de gerentes de banco usando cotas de malha e reencenando a batalha de Hastings. Existem tradições respeitáveis, como a das sufragistas inglesas ou a do movimento americano pelos direitos civis. Uma herança pode ser reacionária, mas também revolucionária. E as convenções nem sempre são vazias e artificiais. A palavra "convenção" significa simplesmente "vir juntos", e, sem esse convir, essa convergência, não haveria existência social, muito menos obras de arte. As pessoas fazem amor de acordo com a convenção. Não haveria sentido em passar perfume e fazer um jantar à luz de velas numa cultura em que isso é o prelúdio costumeiro de um sequestro.

Autores setecentistas como Pope, Fielding e Samuel Johnson alimentavam certa desconfiança em relação à originalidade. Parecia-lhes simples moda passageira, até meio extravagante. A novidade era uma espécie de excentricidade. A imaginação criativa guardava uma proximidade perigosa com a fantasia ociosa. Em todo caso, falando estritamente, a inovação era impossível. Não podiam existir novas verdades morais. Seria uma escandalosa falta de consideração de Deus se não nos revelasse desde o começo os poucos e simples preceitos necessários para nossa salvação. Seria um desleixo imperdoável da parte d'Ele se tivesse se esquecido de avisar aos antigos assírios que o adultério era pecado e aí mandasse todos eles para o inferno por causa disso. Aos olhos de neoclassicistas como Pope e Johnson, aquilo que fora verdade para milhões de seres humanos ao longo dos séculos era necessariamente mais digno de respeito do que alguma invencionice recente. Nada que um gênio de olhar alucinado pudesse excogitar às duas da madrugada poderia superar a sabedoria coletiva da humanidade. A natureza humana era a mesma em todo lugar, o que significava que não podia existir nenhum efetivo avanço na maneira como fora retratada por Homero e Sófocles.

A ciência podia se desenvolver, mas a arte não. As afinidades importavam mais do que as diferenças, e o geral tinha mais peso do que o singular. A tarefa da arte era nos oferecer imagens expressivas do que já sabíamos. O presente era, em grande parte, uma reciclagem do passado. Era sua fidelidade ao passado que lhe conferia legitimidade. O passado era o que basicamente compunha o presente, e o futuro seria a execução de algumas pequenas variações do que acontecera antes. A mudança devia ser tratada com ceticismo. Era mais provável que representasse uma degeneração, e não um progresso. Sem dúvida era inevitável, mas a mutabilidade dos assuntos humanos era um sinal de nossa natureza de seres caídos. O Éden não conhecia alterações.

Se essa concepção neoclássica do mundo parece estar a anos-luz de distância da nossa, deve-se em parte à intervenção do romantismo. Para os românticos, os seres humanos são espíritos criativos com um poder inesgotável de transformar o mundo. A realidade é mais dinâmica do que estática, a mudança é mais digna de se celebrar do que de se temer. Os indivíduos fazem a própria história e têm a seu alcance um progresso potencialmente infinito. Para se lançar a esse admirável mundo novo, basta apenas se desvencilharem das forças que os agrilhoam. A imaginação criativa é um poder visionário que pode refazer o mundo à imagem de nossos desejos mais profundos. Ela inspira poemas e também revoluções políticas. Há uma nova ênfase sobre o gênio humano. Os seres humanos não devem mais ser vistos como criaturas falhas, frágeis, sempre propensas ao erro, em perpétua necessidade das palmadas de um governo de pulso firme. Pelo contrário, as raízes da humanidade estão no infinito. A liberdade é sua própria essência. Ansiar, lutar está em sua natureza, e o verdadeiro lar humano está na eternidade. Deveríamos cultivar uma generosa confiança nas capacidades humanas. As paixões e os afetos geralmente são benignos. Ao contrário da razão fria e empedernida, eles nos ligam à Natureza e ao próximo. Devem poder florescer livremente, sem peias artificiais. A sociedade verdadeiramente justa, tal como a mais bela obra de arte, é a única que proporciona tal condição. As obras de arte mais preciosas são as que ultrapassam a tradição e a convenção. Em vez de imitar servilmente o passado, elas trazem à luz preciosidades inéditas.

Cada obra de arte traz em si o milagre de uma nova criação. É um eco ou uma repetição do gesto de Deus ao criar o mundo. Como o Todo-Poderoso, o artista tira sua obra do nada. É inspirada por sua imaginação, e a imaginação é uma questão mais de possibilidade do que de realidade. Ela pode trazer ao ser coisas que não existiam antes, como antigos marinheiros com poderes hipnóticos ou pedaços de argila, para fazer declarações filosóficas. Mesmo assim, o artista nunca consegue empatar com Deus, o qual, no que diz respeito a criações, chegou lá primeiro e se saiu com um produto difícil de superar. O poeta pode imitar o ato criador divino, mas age dentro dos limites temporais de sua situação. Seja como for, essa teoria está em franco desacordo com o que os escritores realmente fazem. Nenhuma obra de arte nasce do nada. Coleridge não inventou os marinheiros antigos, Keats não concebeu em sonho as urnas gregas. Como todos os outros artistas, os autores românticos fizeram sua arte a partir de materiais que não foram eles a manufaturar. Nesse sentido, são mais pedreiros do que pequenas divindades.

O impulso romântico de inovar foi herdado pelo modernismo. A obra artística modernista toma posição contra um mundo onde tudo parece padronizado, estereotipado e pré-fabricado. Ela acena para uma esfera além dessa civilização já pronta, de segunda mão. Quer nos mostrar o mundo com novo frescor – quer não reforçar, mas sim abalar nossas percepções rotineiras. Em sua estranheza e especificidade, a obra de arte tenta resistir para não ser reduzida a simples mercadoria. Mas, se uma obra de arte fosse absolutamente nova, nem teríamos como identificá-la, como um alienígena que, em vez de ser um anãozinho cheio de braços e pernas, está encarapitado no nosso colo nesse exato momento, mas é invisível. Para poder ser reconhecida como arte, uma obra precisa manter alguma ligação com o que já consideramos como categoria artística, mesmo que ela acabe transformando essa categoria até a tornar irreconhecível. Mesmo uma obra artística revolucionária só pode ser julgada como tal tendo como referência o que foi revolucionado.

De todo modo, mesmo a obra literária mais inovadora é feita, entre outras coisas, com os fragmentos e restos de inumeráveis textos que vieram antes. O meio da literatura é a linguagem, e toda palavra que usamos é gasta, batida, surrada, devido aos bilhões de usos anteriores. Exclamar "Minha querida indizivelmente adorável, inconcebivelmente preciosa" já é, em certo sentido, uma citação. Mesmo que nunca ninguém tenha dito antes essa frase específica, o que é muito improvável, ela é composta de materiais que são monotonamente familiares. Desse ponto de vista, os neoclassicistas conservadores como Pope ou Johnson são mais argutos do que podem parecer. Não existe a novidade absoluta, como em vão sonharam alguns vanguardistas do século XX. É difícil imaginar uma obra mais espantosamente original do que *Finnegans Wake*, de Joyce. Na verdade, à primeira vista é até difícil dizer em que língua está escrita, que dirá o que ela significa. Com efeito, *Finnegans Wake* recorre a um amplo leque de palavras já bem gastas. O que há de novo é o jeito estranho de combiná-las. Nesse sentido, a obra apenas faz de modo mais espalhafatoso o que todas as obras literárias fazem o tempo inteiro.

Isso não significa que não exista novidade alguma. Se não existem rupturas absolutas nos assuntos humanos, tampouco existem continuidades absolutas. É verdade que estamos sempre reciclando nossos signos. Mas também é verdade, como nos lembra Noam Chomsky, que estamos constantemente produzindo frases que nunca ouvimos ou falamos antes. E, sob esse aspecto, os românticos e os modernistas estão com a razão. A linguagem é uma obra de criatividade espantosa. É, de longe, o artefato mais grandioso que a humanidade inventou em toda a sua história. Chega a superar os filmes de Mel Gibson nesse aspecto. Quanto a novas verdades, as descobrimos o tempo todo. Um dos nomes da atividade que se dedica a isso é ciência, a qual, na época dos neoclassicistas, ainda estava nas fraldas. Mas a arte, além de herdar, também pode inovar. Um escritor pode moldar uma nova forma literária, como Henry Fielding achou que estava fazendo ou como Bertolt Brecht fez no teatro. Tais formas têm seus precursores, como a imensa maioria das outras coisas na história humana. Mas também podem abrir um terreno realmente novo. Nada similar a "A terra desolada", de T.S. Eliot, fora jamais visto antes na história da literatura.

É com o pós-modernismo que a sede por novidade começa a esmorecer. A teoria pós-moderna não dá um grande valor à originalidade. Deixou a revolução bem para trás. Ela prefere abraçar um mundo onde tudo é uma versão reciclada, traduzida, adaptada, derivada de alguma outra coisa. Não significa que tudo seja cópia. Isso suporia que há algum original em algum lugar por aí, o que não é o caso. O que temos são simulacros sem um original. No começo foi a imitação. Se algum dia topássemos com algo que parecesse ser um original, poderíamos ter certeza de que ele também se revelaria ser cópia, pastiche ou imitação. Mas isso não é razão de desânimo, pois, se nada é autêntico, nada pode ser falso. É impossível logicamente que tudo seja falsificado. Uma assinatura é a marca de uma presença individual exclusiva de alguém, mas só é autêntica porque guarda alguma semelhança com a assinatura de outras pessoas. Para ser genuína, precisa ser uma cópia. Tudo a esse ponto tardio, tarimbado e bastante descrente da história já foi feito antes; mas sempre pode ser feito outra vez, e o gesto de fazer outra vez é que constitui a novidade. Copiar *Dom Quixote* palavra por palavra representaria uma autêntica inovação. Todos os fenômenos, inclusive todas as obras de arte, são formados a partir de outros fenômenos, e assim nada nunca é totalmente novo nem totalmente igual. Para usar uma expressão de Joyce, o pós-modernismo é uma cultura "mutável imutável" ("*neverchanging everchanging*"), na medida em que o capitalismo avançado nunca para nem por um instante, mas nunca se transfigura a ponto de ficar irreconhecível.

Se a boa literatura fosse sempre uma literatura pioneira, teríamos de negar valor a inúmeras obras literárias, desde as pastorais antigas e as peças de mistério medievais aos sonetos e às baladas folclóricas. O mesmo se aplica à ideia de que as mais belas poesias, peças e romances são aqueles que recriam o mundo ao nosso redor com vividez e veracidade ímpar. Segundo essa teoria, os únicos textos literários bons são os realistas. Tudo, desde a *Odisseia* e o romance gótico até o teatro expressionista e a ficção científica, teria de ser descartado como coisa inferior. A verossimilhança, porém, é um critério ridiculamente impróprio para medir o valor literário. A Cordélia de Shakespeare, o Satã de Milton e o Fagin de Dickens são figuras fascinantes justamente porque não topamos com eles numa loja da Walmart. Não há nenhum mérito especial numa obra fiel à vida, assim como não há nenhum valor obrigatório no desenho de um saca-rolhas que seja idêntico a um saca-rolhas. Talvez nosso prazer diante dessas semelhanças seja um resquício do pensamento mítico ou mágico, que gosta muito de afinidades e correspondências. Para os românticos e os modernistas, a questão central da arte não é imitar a vida, e sim a transformar.

Em todo caso, o que conta como realismo é uma questão polêmica. Geralmente, consideramos como personagens realistas aquelas figuras complexas, densas, bem-acabadas, que mudam ao longo do tempo, como o Lear de Shakespeare ou a Maggie Tulliver de George Eliot. Todavia, alguns dos personagens de Dickens são realistas justamente porque não são nada disso. Longe de serem figuras bem-acabadas, são caricaturas planas e grotescas. São pessoas reduzidas a poucos traços muito batidos ou a detalhes físicos chamativos. Mas, como apontou um crítico, é dessa maneira que costumamos ver as pessoas numa esquina cheia de gente ou numa rua muito movimentada. É uma maneira de ver tipicamente urbana, que faz parte mais das ruas da cidade do que dos campos da aldeia. É como se os personagens assomassem na multidão, transmitissem-nos uma rápida impressão e então desaparecessem para sempre na aglomeração.

No mundo de Dickens, isso serve apenas para aumentar o ar misterioso dos personagens. Muitos deles têm um ar misterioso e inescrutável. Guardam uma aura enigmática, como se a vida interior deles fosse impenetrável. Talvez nem tenham vida interior, talvez sejam apenas uma sucessão de superfícies. Às vezes parecem mais peças de mobília do que seres humanos. Ou talvez seu verdadeiro ser esteja oculto por trás das aparências, fora do alcance de um observador. Mais uma vez, esse modo de caracterização dos personagens reflete a vida na cidade. No anonimato da grande metrópole, os indivíduos parecem encerrados em suas vidas solitárias, sem muito conhecimento ou envolvimento entre eles. Os contatos humanos são esporádicos e fugazes. As pessoas se apresentam como mútuos enigmas. Assim, ao retratar os moradores urbanos dessa maneira, pode-se dizer que Dickens está sendo mais realista do que se os mostrasse por inteiro.

Uma obra literária pode ser realista, mas não realística. Pode apresentar um mundo que parece familiar, mas de uma maneira muito rasa e pouco convincente. É nessa categoria que entram os romances cheios de pieguices e as histórias de detetive de terceira categoria. Ou pode ser não realista, mas realística, projetando um mundo diferente do nosso, mas de uma maneira que revela coisas verdadeiras e significativas sobre a experiência do cotidiano. Um exemplo são *As viagens de Gulliver*. *Hamlet* é não realista porque normalmente os rapazes não costumam recriminar as mães em versos nem passar os futuros padrastos pelo fio da espada. Mas a peça é realística numa acepção mais sutil do termo. Ser fiel à vida nem sempre significa ser fiel às aparências corriqueiras. Pode significar deixá-las de lado.

Outra pergunta: todas as grandes obras literárias exercem uma atração universal e intemporal? Esta, sem dúvida, tem sido uma discussão muito acesa ao longo dos séculos. Grandes poemas e grandes romances são aqueles que ultrapassam sua época e falam coisas significativas a todos nós. Lidam com os traços permanentes, indissociáveis da existência humana – a alegria, o sofrimento, a dor, a morte, a paixão erótica – e não tanto com aspectos locais e episódicos. É por isso que ainda podemos reagir a obras como *Antígona*, de Sófocles, e *Contos da Cantuária*, de Chaucer, mesmo pertencendo a culturas muito diferentes da nossa. Sob tal ponto de vista, pode existir um grande romance sobre o ciúme sexual (*Em busca do tempo perdido*, de Proust, por exemplo), mas provavelmente não sobre o defeito num sistema de tratamento de esgoto em Ohio.

Pode haver alguma verdade nisso, porém surgem várias questões. *Antígona* e *Édipo rei* sobrevivem há milhares de anos. Mas a *Antígona* que admiramos hoje é mesmo idêntica à peça que os antigos gregos aplaudiam? O que julgamos central nela é o mesmo que eles julgavam? Se não é, ou se não podemos ter certeza, é melhor hesitar antes de dizer que a mesma obra perdura ao longo dos séculos. Se realmente descobríssemos o que determinada obra artística da Antiguidade significava para o público da época, talvez deixássemos de lhe dar tanto valor ou de apreciá-la tanto. Será que os elisabetanos e jacobitas extraíam da obra de Shakespeare as mesmas coisas que nós extraímos? Sem dúvida, muitas coisas coincidem. Mas temos de lembrar que o elisabetano ou jacobita médio assistia a essas peças com um conjunto de crenças e convicções muito diferente do nosso. E toda interpretação de uma obra literária vem tingida, mesmo que inconscientemente, por nossos pressupostos e valores culturais. Será que nossos bisnetos verão Saul Bellow ou Wallace Stevens como nós vemos?

Um clássico da literatura, para alguns críticos, é não tanto uma obra de valor imutável, e sim uma obra capaz de gerar novos significados ao longo do tempo. É, por assim dizer, um caso de amor que dura ao longo do tempo. Vai adquirindo interpretações diferentes à medida que evolui. Como um roqueiro que vai envelhecendo, pode se adaptar a novos públicos. Mesmo assim, não vamos imaginar que esses clássicos se mantêm firmes, fortes e fiéis o tempo inteiro. Como uma empresa, eles podem fechar as portas e depois abrir outro negócio. As obras podem entrar e sair do gosto do público de acordo com as condições históricas variadas. Alguns críticos setecentistas se sentiam muito menos arrebatados por Shakespeare ou por Donne do que nós hoje em dia. E alguns nem chegavam a considerar o teatro como literatura, nem sequer como má literatura. Provavelmente teriam as mesmas reservas em relação àquela forma vulgar, adventícia, mestiçada, conhecida como romance. Samuel Johnson, a propósito de

Lícidas, de Milton, cujo início vimos rapidamente no primeiro capítulo, escreveu que "a dicção é dura, as rimas incertas, as cadências desagradáveis [...] Neste poema não há natureza, pois não há verdade; não há arte, pois não há nada novo. Tem a forma de uma pastoral, fácil, vulgar e, portanto, repulsiva". E, no entanto, Johnson é tido, de modo geral, como crítico de extrema competência.

As transformações da conjuntura histórica podem fazer com que as obras caiam em desfavor. Para os nazistas, não havia um escrito judaico que prestasse. Devido a uma mudança geral da sensibilidade, já não damos muito valor a escritos edificantes, embora o sermão tenha sido um gênero importante no passado. Na verdade, não há qualquer razão para supor, ao contrário do que os leitores modernos costumam fazer, que a literatura que tenta nos ensinar alguma coisa seja necessariamente tediosa. Nossa tendência moderna é de sermos avessos à literatura "doutrinária", mas é exatamente isso que é *A divina comédia*. O doutrinário não precisa ser dogmático. Nossas mais sinceras convicções podem parecer doutrinas áridas para outras pessoas. Romances e poemas podem tratar de temas que eram de interesse premente na época em que foram escritos e que hoje em dia não nos parecem de importância tão avassaladora. *In Memoriam*, de Tennyson, se atormenta com a teoria evolucionista, coisa que não incomoda a muitos de nós hoje em dia. Alguns problemas simplesmente deixaram de ser problemas, mesmo que não tenham sido resolvidos do modo adequado. Por outro lado, obras que caíram praticamente no esquecimento podem readquirir vida nova com novas transformações históricas. Na crise da civilização ocidental que culminou na Primeira Guerra Mundial, poetas metafísicos e dramaturgos jacobitas, que também tinham vivido uma época de turbilhão social, voltaram subitamente a cair nas graças dos leitores. Com o surgimento do feminismo moderno, os romances góticos com heroínas perseguidas deixaram de ser vistos como curiosidades de interesse secundário e adquiriram uma nova posição central.

O fato de lidar com traços permanentes da condição humana, como a morte, o sofrimento ou a sexualidade, não garante automaticamente um status elevado para uma obra literária. Ela pode tratar dessas coisas de maneira absolutamente trivial. Em todo caso, esses aspectos universais da humanidade tendem a assumir formas diversas nas diferentes culturas. A morte numa época agnóstica como a nossa é muito diferente do que era para Santo Agostinho ou Juliano de Norwich. A dor e o luto são comuns a todos os povos. Apesar disso, uma obra literária pode expressá-los numa forma cultural tão específica que não consegue de forma alguma atrair nosso interesse profundo. Ademais, por que não poderia haver uma grande peça ou romance sobre a falha de um sistema de tratamento de esgoto em Ohio, que dificilmente seria um traço permanente da condição humana? Por que não poderia ser de interesse potencialmente universal? Afinal, os sentimentos suscitados por uma falha dessas – raiva, susto, culpa, remorso, preocupação com a contaminação humana, medo de excrementos etc. – são compartilhados por muitas civilizações diferentes.

Na verdade, um dos problemas com a ideia de que todas as grandes obras literárias lidam com o universal, e não com o local, é que pouquíssimas emoções humanas são restritas a determinadas culturas. É claro que existem alguns casos do que podemos chamar de emoções locais. Os homens ocidentais modernos não são tão suscetíveis em relação à sua honra como pareciam ser os cavaleiros medievais. Nem se deixam motivar muito pelas leis da ordem cavalheiresca. Uma mulher ocidental moderna não se sentiria conspurcada por se casar com o primo em primeiro grau de seu finado marido, como podia ser o caso numa sociedade tribal. Mas, de modo geral, paixões e sentimentos cruzam as fronteiras culturais. Uma das razões é que eles estão ligados ao corpo humano, e o corpo é o que mais fundamentalmente os seres humanos têm em comum.

O que temos em comum, porém, não é nosso único interesse. Também ficamos fascinados pelo que é diferente de nós. É isso o que às vezes escapa aos defensores da universalidade. Geralmente não lemos narrativas de viagem para nos assegurar de que os habitantes do arquipélago Tonga ou das ilhas da Melanésia sentem o mesmo que sentimos em relação à especulação financeira com informações privilegiadas. Não são muitos os fãs das sagas islandesas que dizem que elas têm influência sobre as políticas agrícolas da União Europeia. Se o que nos agrada é apenas a literatura que reflete nossos próprios interesses, toda leitura se converte numa forma de narcisismo. Afinal, o bom de ler Rabelais ou Aristófanes é sair de nossa própria cabeça e entrar mais na deles. Gente que enxerga só a si mesma em todo lugar é muito chata.

A capacidade de uma obra literária de falar além de sua própria situação histórica depende dessa mesma situação. Se a obra nasce, por exemplo, numa época grave da história humana, quando as pessoas estão passando por alguma transição que abala o mundo todo, ela pode vir tão permeada por esse fato que também exerce apelo em leitores de tempos e lugares muito diferentes. Exemplos óbvios são o Renascimento e o período romântico. As obras literárias podem transcender seu momento histórico por causa da natureza desse momento, bem como pela relação específica que elas mantêm com sua época. Os escritos de Shakespeare, Milton, Blake e Yeats carregam ressonâncias tão profundas da época e do local que podem ecoar ao longo dos séculos e por todo o planeta.

Nenhuma obra de literatura é literalmente intemporal. Todas são fruto de condições históricas específicas. Dizer que alguns livros são intemporais é apenas uma maneira de dizer que eles tendem a durar muito mais do que uma carteira de identidade ou uma lista de compras. Mesmo assim, porém, podem não durar para sempre. Somente no dia do Juízo Final saberemos se Virgílio e Goethe conseguiram chegar ao final dos tempos ou se

J.K. Rowling venceu Cervantes por um triz. Há também a questão da difusão no espaço. Se as grandes obras literárias são universais, em princípio Stendhal ou Baudelaire falariam aos dinkas ou aos dakotas com a mesma pertinência com que falam aos ocidentais ou, pelo menos, a alguns ocidentais. Vá lá que um dinka possa vir a apreciar Jane Austen tanto quanto um manchesteriano. Mas primeiro ele teria de aprender inglês, adquirir algum conhecimento da forma do romance ocidental, ter alguma noção do pano de fundo histórico que dá sentido à ficção de Austen, e assim por diante. Entender uma língua é entender uma forma de vida.

O mesmo se aplica a um leitor inglês querendo explorar as riquezas da poesia inuíte. Em ambos os casos, é preciso ir além do próprio ambiente cultural para fruir a arte de outra civilização. Não há nada de impossível nisso. As pessoas o fazem o tempo inteiro. Mas, para entender a arte de outra cultura, é preciso mais elementos do que para entender um teorema criado pelos matemáticos daquela cultura. Só é possível captar uma língua captando mais do que a língua. E tampouco é verdade que Jane Austen é significativa para outras sociedades só porque todos, ingleses, dinkas e inuítes, pertencem à mesma humanidade. Embora pertençam mesmo, não é razão suficiente para apreciarem *Orgulho e preconceito*.

O que, em todo caso, significa classificar uma obra literária como grande obra? Praticamente ninguém negaria essa distinção à obra *A divina comédia*, de Dante, mas pode ser um juízo mais nominal do que efetivo. Seria mais ou menos como ver que alguém é sexualmente atraente sem se sentir sexualmente atraído por essa pessoa. Para a grande maioria dos indivíduos modernos, a concepção de mundo de Dante está distante demais para que sua poesia lhes traga grande prazer ou percepção. Podem continuar a reconhecer que ele é um poeta grandioso, mas dificilmente *sentem* isso como verdade, como podem sentir em relação a Hopkins ou a Hart Crane. As pessoas continuam a tirar o chapéu a esses clássicos, muito tempo depois de terem deixado de lhes dizer grande coisa. Mas, se absolutamente mais ninguém se entusiasmasse com *A divina comédia*, ficaria difícil saber como ainda pode ser considerado um grande poema.

Pode-se ter prazer com uma obra literária que se considera totalmente medíocre. Existe uma infinidade de livros recheados de ação nas livrarias dos aeroportos que as pessoas devoram sem ficar pensando se estão na presença de uma grande obra de arte. Talvez haja professores de literatura que ficam lendo as aventuras de Rupert Bear no colo escondidinhos com uma lâmpada debaixo do cobertor. Gostar de uma obra de arte não é igual a admirá-la. Você pode gostar de livros que não admira e pode admirar livros de que não gosta. Dr. Johnson tinha *Paraíso perdido* em alto apreço, mas temos a clara impressão de que ele não se disporia muito a relê-lo.

O gosto é mais subjetivo do que a avaliação. Se você prefere pêssegos a peras, é uma questão de gosto, o que é muito diferente de pensar que Dostoiévski é um romancista mais consumado do que John Grisham. Dostoiévski é melhor do que Grisham no mesmo sentido em que Tiger Woods joga golfe melhor do que Lady Gaga. Qualquer um que conheça literatura ou golfe o suficiente decerto concordaria com tais avaliações. Chega um ponto em que não reconhecer que, digamos, certa marca de uísque maltado é de primeiríssima qualidade significa não conhecer uísque maltado. O verdadeiro conhecimento do puro malte inclui a capacidade de fazer essas diferenciações.

Então quer dizer que os juízos literários são objetivos? Não no sentido de que "o monte Olimpo é mais alto de que Woody Allen". Se os juízos literários fossem objetivos nesse sentido, não haveria discussão nenhuma, e você pode passar a noite brigando sobre se Elizabeth Bishop é melhor poeta do que John Berryman. Mas a realidade não traça uma divisão nítida entre objetivo e subjetivo. O sentido não é subjetivo, no sentido em que não posso simplesmente resolver que a advertência "Fumar mata" num maço de cigarros significa na verdade "Nicotina ajuda no crescimento das crianças, e por isso dê esses cigarrinhos a seu pimpolho!". Por outro lado, "Fumar mata" significa o que significa somente por força das convenções sociais. Pode existir uma língua em algum lugar do universo em que "Fumar mata" significa uma canção para diversas vozes, sem acompanhamento e com arranjo em contraponto muito elaborado.

A questão é que existem critérios para determinar o que conta como excelência no golfe ou na ficção, enquanto não há critério algum para determinar se o gosto de pêssego é melhor do que o gosto de abacaxi. E esses critérios são públicos, e não uma mera questão do que a pessoa prefere em sua esfera privada. É preciso aprender a lidar com esses critérios compartilhando certas práticas sociais. No caso da literatura, essas práticas sociais são conhecidas como crítica literária. E ainda sobra muito espaço para divergências e discussões. Os critérios são guias indicando como fazer juízos de valor. Eles não formam os juízos para você, da mesma maneira como seguir as regras do xadrez não vai fazer você ganhar a partida. Joga-se xadrez não somente seguindo as regras, mas aplicando-as criativamente; e as regras em si não vão lhe dizer qual é a maneira criativa de aplicá-las. É uma questão de técnica, inteligência e experiência. Saber o que conta como excelência em literatura provavelmente resolve a disputa entre Tchekhov e Jackie Collins, mas não entre Tchekhov e Turguêniev.

Culturas diferentes podem ter critérios diferentes para decidir o que conta como bom ou ruim em arte. Como turista estrangeiro, você pode assistir a uma cerimônia numa aldeia do Himalaia e dizer se achou enfadonha ou interessante, se a ritualização era cheia de vida ou muito afetada. O que você não vai saber dizer é se foi bem executada. Para julgar, você precisaria ter acesso aos critérios de excelência referentes àquela atividade específica. O mesmo se aplica a obras literárias. Os critérios de excelência também podem variar entre os tipos de arte literária. O que vai bem para uma bela pastoral não é o que contribui para uma vigorosa obra de ficção científica.

Obras profundas e complexas podem parecer candidatas óbvias ao mérito literário. Mas a complexidade não é um valor em si. O fato de ser complexo não é garantia automática de um lugar entre os imortais. A musculatura da perna é complexa, mas quem está com uma lesão na barriga da perna preferiria que não fosse. O enredo de *O senhor dos anéis* é complexo, mas não basta para que a obra de Tolkien agrade àqueles que não gostam de escapismos enfatuados nem de esquisitices medievalistas. Em certos poemas e baladas, o que importa não é a complexidade, mas a pungente simplicidade. O grito de Lear, "Nunca, nunca, nunca, nunca, nunca", não é propriamente complexo, e é até por isso que tem beleza.

Tampouco é verdade que toda boa literatura é profunda. Pode existir uma arte de superfície magnífica, como as comédias de Ben Jonson, os dramas da alta sociedade de Oscar Wilde ou as sátiras de Evelyn Waugh. (Temos de tomar cuidado, porém, com o preconceito de que a comédia é sempre menos profunda do que a tragédia. Existem algumas comédias muito agudas e algumas tragédias muito triviais. *Ulisses*, de Joyce, é uma obra de comédia profunda, o que não é igual a dizer que ela é profundamente engraçada, embora seja, de fato.) As superfícies nem sempre são superficiais. Existem formas literárias em que a complexidade ficaria deslocada. *Paraíso perdido* mostra pouca profundidade ou elaboração psicológica, bem como os poemas de Robert Burns. O poema "Tigre", de Blake, é profundo e complexo, mas não em termos psicológicos.

Inúmeros críticos, como vimos, insistem que a boa arte é a arte coerente. As obras literárias mais bem realizadas são aquelas com a unificação mais harmoniosa. Com uma economia técnica impressionante, todos os detalhes têm seu peso no conjunto geral. Um dos problemas dessa posição é que *Little Bo Peep** é coerente, mas banal. Além disso, muitas obras vanguardistas ou

---

* *Little Bo Peep* é uma velha cantiga infantil, ainda muito popular, sendo Bo Peep uma pastorinha que perde seus carneirinhos. (N.T.)

pós-modernas de qualidade são ecléticas e destituídas de um centro, montadas com partes que não se encaixam bem. Nem por isso ficam piores. Não há qualquer virtude na harmonia ou na coerência enquanto tal, como já sugeri antes. Algumas das grandes obras dos futuristas, dadaístas e surrealistas são deliberadamente dissonantes. A fragmentação pode ser mais fascinante do que a unidade.

Talvez o que torne excepcional uma obra literária seja a ação e a narrativa. Aristóteles certamente pensava que uma ação sólida e bem costurada era fundamental pelo menos para uma espécie de escrita literária, a tragédia. Mas pouca coisa acontece numa das maiores peças do século XX (*Esperando Godot*), num dos melhores romances (*Ulisses*) e num dos mais magistrais poemas ("A terra desolada"). Se um enredo vigoroso e uma narrativa robusta fossem vitais para o status literário, Virginia Woolf cairia para uma posição deprimente, lá embaixo nas tabelas de classificação. Não damos mais tanto apreço a um enredo poderoso, como fazia Aristóteles. Na verdade, nem fazemos mais muita questão de enredo ou de narrativa. Exceto na infância, não somos tão apaixonados por contos e histórias como eram nossos ancestrais. Também reconhecemos que é possível criar uma arte atraente a partir de poucos elementos.

E quanto à qualidade linguística? Todas as grandes obras literárias utilizam a língua com engenho e criatividade? Sem dúvida, uma virtude da literatura é que ela restaura a verdadeira abundância da fala humana e, com isso, recupera um pouco de nossa humanidade sufocada. Uma boa parcela da linguagem literária é copiosa e exuberante. Nesse sentido, ela pode agir como crítica de nossas expressões corriqueiras. Sua eloquência pode servir de censura a uma civilização em que a língua se tornou, em grande medida, toscamente instrumental. Chamada de tevê, miguxês, jargão empresarial, prosa de tabloide, peroração política, burocratês: todos eles podem ser denunciados como formas exangues de discurso, como de fato o são. As últimas palavras de Hamlet são: "Ausenta-te da felicidade por ora/ E neste duro mundo toma alento na dor/ Para contar minha história [...] o resto é silêncio". As últimas palavras de Steve Jobs foram: "Oh uau, oh uau, oh uau". Alguns podem sentir que houve aí um certo declínio. A literatura é sobre a experiência vivida da língua, e não só seu uso prático. Ela pode chamar nossa atenção para a opulência de um meio que geralmente tratamos como se nada fosse. A poesia não trata apenas do sentido da experiência, mas também da experiência do sentido.

Mesmo assim, nem tudo o que chamamos de literário trata as palavras com suntuosidade. Existem obras literárias que não usam a linguagem de uma maneira especialmente atraente. Boa parte da ficção realista e naturalista utiliza uma linguagem simples e sóbria. Não diríamos que a poesia de Philip Larkin ou de William Carlos Williams seja sumamente metafórica. A prosa de George Orwell não é propriamente luxuriante. Não há muita retórica polida em Ernest Hemingway. O século XVIII valorizava a prosa clara, exata, útil. É claro que as obras literárias precisam ser bem escritas, mas isso se aplica a qualquer coisa escrita, inclusive ofícios e cardápios. Não precisa soar como *O arco-íris* ou *Romeu e Julieta* para se candidatar ao título de obra literária respeitável.

Então, o que torna essas obras boas ou ruins? Vimos que algumas noções usuais a esse respeito não resistem a maiores exames. Talvez possamos lançar mais luz sobre essa questão analisando alguns excertos literários para ver como eles se saem.

***

Podemos começar com uma frase do romance *Rabbit at Rest*, de John Updike:

> Uma modelo faiscante, magra como um espeto, de covinhas e queixo quadrado como uma Audrey Hepburn mais alta dos dias de *Bonequinha de luxo*, sai do carro, sorrindo com ar faceiro e usando um capacete

oval de piloto de corrida com seu vestido feito do que parecem ser réstias de luz faiscante.

Tirando uma repetição um pouco desleixada de "faiscante", a redação está muito bem-feita. Até demais, tem-se a impressão. É engenhosa demais, calculada demais. Cada palavra parece ter sido escolhida a dedo, lustrada, encaixada à perfeição com as outras, e depois bem escovada para ganhar um acabamento reluzente. Não tem um fiozinho fora do lugar. A frase é *voulu* demais, arranjada e apresentada de uma maneira cuidada demais. Não tem nada de espontâneo. Parece que foi excessivamente trabalhada, cada palavra operando com toda a meticulosidade, sem qualquer aresta ou irregularidade. O resultado é hábil, mas não tem vida. O adjetivo que nos ocorre é "liso". O trecho pretende ser uma descrição detalhada, mas está acontecendo tanta coisa no plano da linguagem, tantos adjetivos se amontoando e tantas orações se aglomerando, que temos dificuldade em nos concentrar no objeto da descrição. A linguagem atrai o olhar admirativo do leitor para sua própria destreza. Talvez seja um convite para admirarmos especialmente como ela consegue avançar por tantas orações subordinadas, todas em torno do verbo principal "sai", sem perder o equilíbrio nem por um instante.

Há muita coisa assim na ficção de Updike. Veja-se este retrato de um personagem feminino no mesmo romance:

> Pru encorpou sem ficar pesada daquele jeito grandalhão da Pensilvânia. Como se algum pé de cabra invisível tivesse alargado ligeiramente as juntas entre os ossos, mais cálcio tivesse sido enfiado ali e a carne tivesse sido levemente repuxada para cobrir, agora ela apresenta uma frente mais larga. Seu rosto, que antes era estreito como o de Judy, às vezes parece uma máscara achatada. Sempre alta, ela permitiu, nos anos em que se tornou uma empedernida esposa e matrona,

que os cabelos lisos e compridos fossem cortados e arrumados formando umas abas largas, um pouco como o penteado da Esfinge.

"Como o penteado da Esfinge" é uma boa tirada. Mas, aqui também, a passagem chama a atenção para sua própria habilidade em descrever Pru. É de um "beletrismo" que chega a ser atroz.

Compare-se a prosa de Updike a esse excerto do conto "Exercício tático", de Evelyn Waugh:

> Eles chegaram numa tarde ventosa de abril, depois de uma viagem de trem com o desconforto costumeiro. Um táxi os levou a treze quilômetros da estação, passando pelas longas aleias da Cornualha, por chalés de granito e minas de estanho arcaicas desativadas. Chegaram ao povoado que era o endereço postal da casa, atravessaram por ele e caíram numa trilha que saía de súbito de suas encostas altas e dava numa pastagem perto da beira do penhasco, nuvens ligeiras no alto e aves aquáticas voando em círculos por cima deles, o terreno sob os pés cheio de vida com flores silvestres esvoaçantes, maresia no ar, abaixo deles o rugir das ondas do Atlântico batendo nas rochas, uma vista a meia distância de águas brancas e azuis se quebrando e, mais além, o arco sereno do horizonte. Aqui estava a casa.

A passagem não salta fora da página. Nada tem do ar deliberadamente esculpido da prosa de Updike, e até por causa disso é, sem dúvida, muito melhor. A prosa de Waugh é fresca, pura e econômica. É reticente e discreta, como se não se desse conta da habilidade com que, por exemplo, consegue conduzir uma única frase desde "Chegaram ao povoado" até "o arco sereno do horizonte", passando por muitas orações variadas sem nenhuma sensação forçada ou artificial. Essa sensação de amplitude, tanto da sintaxe quanto da paisagem, tem seu contraponto no sucinto

"Aqui estava a casa", que marca uma parada tanto no conto quanto na maneira de apresentá-lo. Em "Uma viagem de trem com o desconforto costumeiro" há uma alfinetada sardônica agradável. Talvez "arcaico" seja um adjetivo um pouco excessivo, mas o equilíbrio rítmico das linhas é realmente admirável. Todo o trecho tem uma aura de eficiência tranquila. A paisagem é retratada com uma sequência de pinceladas rápidas e destras, que lhe dão vida sem entupir o texto com excesso de detalhes.

A prosa de Waugh tem uma honestidade e um realismo sólido que se saem muito bem na comparação com Updike. Nesse aspecto, também se saem bem numa comparação com o seguinte excerto do romance *Absalão, Absalão!*, de William Faulkner:

> No casaco abotoado errado por cima do roupão de banho ele parecia enorme e sem forma como um urso desgrenhado enquanto fitava Quentin (o sulino, cujo sangue corria rápido para esfriar, mais ágil para compensar as bruscas mudanças de temperatura, talvez, ou talvez apenas mais próximo da superfície) sentado encurvado na cadeira, as mãos enfiadas nos bolsos como se tentasse se abraçar e se aquecer entre os braços, parecendo de certo modo frágil e até abatido à luz da lâmpada, o rosado que agora não tinha mais nada de calor, de aconchego, enquanto a respiração dos dois formava um leve vapor na sala fria onde havia agora não dois, mas quatro, os dois que respiravam agora não pessoas, mas algo mais ou menos como gêmeos, o coração e o sangue da juventude. Shreve tinha dezenove anos, alguns meses mais novo do que Quentin. Parecia ter exatamente dezenove anos; era uma daquelas pessoas cuja idade correta você nunca sabe porque parecem ter exatamente aquela idade e aí você diz para si mesmo que não pode ser porque parecem exatamente demais para não se aproveitarem da aparência: então você nunca acredita implicita-

mente que tenham aquela idade que dizem ter ou que concordam por puro desespero ou que alguma outra pessoa diz que têm.

Esse tipo de prosa, muito apreciado por alguns cursos americanos de escrita criativa, tem um ar de espontaneidade que é quase totalmente falseado. Apesar da aparente informalidade frente à ordem e à convenção, é tão artificial quanto um soneto de Petrarca. Há algo de espalhafatoso e afetado na maneira como se esforça em parecer natural. Seu ar de espontaneidade é demasiado cioso de si mesmo. O que é, de fato, uma espécie de canhestrice ("onde havia agora não dois") é apresentado como se tivesse a aspereza da experiência real. A tentativa de maciça complexidade nas linhas finais aparece como pedantismo engenhoso. O trecho desconhece qualquer tato e reticência. Ele sacrifica a elegância, o ritmo e a economia a uma espécie de escrita que (como alguém comentou certa vez a respeito da história) é apenas uma maldita coisa depois da outra. A passagem parece uma matraca ambulante. É o tipo de autor que seria uma luta tremenda para fazer calar a boca. E como é que alguém pode parecer ter exatamente dezenove anos?

Um estilo pode ser "literário" e eficaz ao mesmo tempo, como ilustra essa passagem de *Lolita*, de Vladimir Nabokov, em que um detetive particular está seguindo o carro do herói:

> O motorista atrás de mim, com suas ombreiras e bigode à Trapp, parecia um manequim de vitrine, e seu conversível parecia andar só porque uma corda invisível de seda silenciosa o ligava a nosso carro escangalhado. Nossa potência era muito menor do que sua esplêndida máquina envernizada, e por isso nem tentei aumentar a velocidade. *O lente currite noctis equi!* Ó, correi lentos, cavalos da noite! Correi lentas, éguas de pesadelo! Subimos longas ladeiras e descemos morro abaixo, seguimos os limites de velocidade, poupamos crianças vagarosas,

reproduzimos em grande escala as ondulações negras das curvas em seus escudos amarelos e, como e por onde íamos, o espaço encantado continuava a deslizar intato, matemático, como uma miragem, o correspondente viático de um tapete mágico.

À primeira vista, esse trecho pode parecer ao leitor não muito distante da passagem de Updike. Tem a mesma consciência de sua literariedade deliberada, bem como a mesma atenção engenhosa e meticulosa ao detalhe. Ainda como Updike, Nabokov escreve com o ouvido atento ao padrão sonoro de sua prosa. A diferença, em parte, consiste no ar de brincadeira de Nabokov, como se a passagem se divertisse com seu excesso de requinte. Há uma leve sensação de que o narrador Humbert Humbert está arremedando a si mesmo. O nome ridículo, Humbert Humbert, é por si só uma piada às custas dele. A brincadeira aqui está na ideia de que "reproduzimos em grande escala as ondulações negras das curvas em seus escudos amarelos", querendo dizer que o carro seguia as curvas da estrada representadas pelas ondulações desenhadas nas placas amarelas da sinalização da estrada, mas em escala maior do que o desenho. Há também um jogo de palavras sutil na tradução errada e criativa de "*noctis equi*" ("cavalos da noite"), de Ovídio, como "*nightmares*" ("éguas da noite")*.

Há na passagem uma discrepância cômica entre a ação rotineira de dirigir numa estrada americana e a linguagem enfarpelada, de registro elevado ("corda invisível de seda silenciosa", "esplêndida máquina envernizada"), com que se descreve a ação. É um estilo precioso, isto é, afetadamente elegante ou excessivamente refinado; mas cai bem na passagem, em parte porque é levemente divertido, em parte porque tem consciência irônica de si mesmo, em parte porque aparece como a maneira bastante pungente do narrador de compensar a situação meio sórdida em que se encontra, levando no carro uma mocinha que é objeto de

---

* Mas também "pesadelos". (N.E.)

seu desejo de meia-idade e a quem, de fato, está sequestrando. A estrada se torna um "espaço encantado [...] o correspondente viático de um tapete mágico" ("viático" vem da palavra em latim para "estrada"). Note-se como o *c* e o *p* de "correspondente" ressoam na palavra "*carpet*" ["tapete"]. Essa linguagem literária altamente elaborada, levemente exagerada, de fato pertence a Humbert Humbert, o narrador culto e antiquado do livro. Ela marca sua distância irônica da paisagem da cultura americana cotidiana por onde está passando, impulsionado por sua perseguição sexual a Lolita. Ele tem plena consciência de sua figura patética, humilhada, deslocada, como um acadêmico europeu de espírito elevado vagueando por um deserto de lanchonetes vagabundas e motéis baratos. E essa tensão entre ele e o ambiente se reflete no estilo da prosa.

Apesar de sua elevação de espírito, Humbert acaba atirando e matando Quilty, seu rival sexual. A cena é tão assombrosa que merece ser citada por inteiro:

> Minha bala seguinte o atingiu no lado e ele se alçou da cadeira, subindo, subindo, como o velho Nijinsky grisalho e enlouquecido, como o gêiser Old Faithful, como algum velho pesadelo meu, a uma altitude fenomenal, ou assim pareceu – enquanto rasgava o ar – ainda trepidando com a densa música negra –, a cabeça atirada para trás num urro, a mão comprimindo a testa, e com a outra mão agarrando a axila como se tivesse sido picado por uma vespa, voltou a pisar o chão e, de novo como um homem normal de roupão, saiu correndo para o vestíbulo. [...]
> Retomando de repente a dignidade, e um tanto contrariado, começou a subir as escadas largas, e eu, mudando de posição, mas sem subir atrás dele, disparei três ou quatro vezes em rápida sucessão, atingindo-o a cada tiro; e a cada vez que o fazia, que lhe fazia aquela coisa horrível, o rosto dele se torcia de uma maneira

cômica absurda, como se estivesse exagerando a dor; diminuía o passo, revirava os olhos semicerrando-os e soltava um "ah!" feminino e estremecia a cada vez que um tiro o atingia como se eu estivesse fazendo cócegas nele, e a cada vez que eu o atingia com aqueles meus tiros lentos, canhestros, cegos, ele dizia muito baixinho, com falsa pronúncia britânica – e o tempo todo horrivelmente se contorcendo, estremecendo, afetando um sorriso, mas por outro lado falando num tom curiosamente distante e até amistoso: "Ah, isso dói, meu senhor, chega! Ah, dói de maneira atroz, meu caro amigo. Peço-lhe que desista. Ah, muito doloroso, muito doloroso mesmo..."

Não é nem de longe o duelo de OK Corral.* Pelo contrário, é uma das descrições mais estranhas e perturbadoras de um assassinato na história da literatura de língua inglesa. É tão grotesca assim por causa da tensão entre o tiroteio em si e a reação absurdamente amaneirada da vítima. É como se Quilty estivesse representando perante um público, como faz o próprio romance. Ele é capaz de adotar uma pronúncia britânica mesmo enquanto o sangue se esvai na escada. Tal como, na passagem anterior, o estilo de Nabokov se distancia com divertida ironia da cena que está descrevendo, assim também Quilty conserva seus trejeitos e expressões de uma polidez arcaica ("Peço-lhe que desista"), mesmo enquanto é estraçalhado pelas balas do narrador. Nos dois casos, há uma discrepância entre a realidade e a maneira como ela é apresentada.

O estilo do narrador nesse trecho está tão dissociado do episódio sangrento quanto a própria vítima. Há um contraste brutal entre a fúria e o desespero que o levam ao crime e a linguagem meticulosamente abstrata ("a uma altitude fenomenal") com que

---

* Célebre duelo do Oeste selvagem americano que durou trinta segundos e foi protagonizado por Wyatt Earp, em Tombstone. (N.E.)

ele retrata o episódio. Mesmo enquanto dispara uma bala depois da outra contra o rival, não resiste a fazer uma referência culta a um renomado bailarino russo ("como o velho Nijinsky grisalho e enlouquecido"). O modo como Quilty é arremessado ao ar pelo impacto do tiro é graciosamente convertido num elegante salto de balé, tal como o próprio excerto converte um sórdido assassinato em arte da mais alta grandeza. Nota-se o toque de belo e cômico eufemismo em "um tanto contrariado", como se a reação de Quilty ao ser crivado de chumbo fosse ficar um pouco desconsolado. "[C]omo se eu estivesse fazendo cócegas nele" é outro eufemismo magnífico. Talvez o aspecto mais admirável de toda a passagem seja o fato de ter sido escrita por um autor cuja língua materna não era o inglês.

A escrita de Nabokov é rotundamente "literária", sem ser atravancada nem claustrofóbica. A autora americana Carol Shields também escreve numa prosa "literária", mas com um veio mais contido. Veja-se essa passagem de seu romance *A república do amor*, cuja heroína Fay McLeod é uma professora feminista que pesquisa sereias:

> Alguns anos atrás, um homem chamado Morris Kroger deu a Fay uma pequena peça inuíte, a figura de uma sereia, gorducha e risonha, deitada de lado e apoiada no cotovelo do braço grosso e musculoso. É feita de pedra-sabão cinzenta muito polida, e a cauda um tanto mirada se encurva para o alto numa leve chicotada insolente...
> Existe uma imensa variação no tema das caudas das sereias. As caudas podem começar bem acima da cintura, sair dos quadris ou formar um conjunto duplo partindo das próprias pernas. Têm escamas prateadas ou covinhas de um jeito que parece ser uma forma aquática de celulite. A cauda de uma sereia pode ser insignificante ou imensamente comprida e curvilínea, sugerindo a cauda de um dragão ou uma serpente ou um pênis

ferozmente retorcido. Essas caudas são compactas, musculosas, impenetráveis e dão um impulso vigoroso a todo o corpo. Os corpos das sereias são firmes, flexíveis e indestrutíveis, ao passo que os corpos humanos se quebram com a facilidade de um merengue.

É arte literária em grau superlativo, mas não chama indevidamente a atenção sobre si própria. Consegue ser poética e coloquial ao mesmo tempo. Isso se deve, em parte, às imagens extremamente bem elaboradas, enquanto o tom é muito simples e informal. Em "Têm escamas prateadas ou covinhas de um jeito que parece ser uma forma aquática de celulite", há umas belas tiradas imaginativas, entre elas as "covinhas" e a inventiva imagem de uma celulite aquática. Num leve toque de malícia, a ideia de que as sereias podem ter celulite traz essas criaturas misteriosas para nosso nível tão trivial. "Gorducha e risonha" é outro toque de alegre irreverência. Todavia, é possível imaginar alguém falando a frase sobre celulite numa conversa do cotidiano (note-se o coloquial "de um jeito"), embora talvez mais numa sala de professores universitários do que numa pista de boliche.

"A cauda um tanto mirrada se encurva para o alto numa leve chicotada insolente" é uma frase belamente concisa, onde cada palavra se mostra em todo o seu peso. "Insolente", sobretudo, é uma inesperada delícia. Talvez a sereia esteja mostrando o dedo, como os humanos costumam fazer para xingar no trânsito. Ou talvez a cauda seja insolente porque desatende à nossa expectativa de ser mais longa e mais volumosa. A comparação entre as caudas de algumas sereias e um pênis ferozmente retorcido já parece uma insolência do próprio romance, ao descrever esses corpos femininos comparando-os ao membro masculino. "Compactas", "musculosas", "firmes" e "impulso vigoroso" também, mas "impenetráveis" surpreende. O que se apresenta é o paradoxo de um órgão de penetração impenetrável. As sereias são seres femininos com caudas semelhantes ao pênis, mas, como suas caudas são como órgãos penetrantes, elas mesmas são sexualmente impenetráveis. O romance, mais à frente, fala das sereias como assexuadas, "não existindo nenhuma passagem feminina destinada ao ingresso e ao egresso". (A linguagem clínica da frase reflete o fato de que Fay redige artigos acadêmicos sobre sereias. Podemos topar com essas palavras num texto escrito, mas dificilmente numa conversa oral.) Visto que as sereias têm corpos "firmes, flexíveis e indestrutíveis", passam uma imagem de mulheres fortes. Poderíamos dizer que a diferença entre as sereias e algumas feministas radicais é que aquelas não podem e estas não querem ser penetradas. Mas as mulheres são humanas, e os corpos humanos "se quebram com a facilidade de um merengue", e assim elas são poderosas, mas frágeis. A imagem do merengue é outra magnífica tirada. O corpo, como um merengue, é doce, mas quebradiço. Esfarela-se entre os dedos. Os seres humanos são preciosos, mas se quebram como coisas de pouco valor. A própria Fay é cheia de vida, mas também vulnerável.

***

Voltemos por um instante à poesia. Eis alguns versos de *Atalanta na Caledônia*, de Algernon Charles Swinburne:

> Os ricos regatos correm à flor dos juncos,
>   Relvas maduras enredam o passo viajante,
> A frágil fresca flama do novo ano flui
>   Da folha à flor e da flor ao fruto;
> E o fruto e a folha são ouro e fogo,
> E a flauta se faz ouvir acima da lira,
> E o casco fendido de um sátiro calca
>   A casca da castanha ao pé da castanheira.

Há uma certa beleza sufocante nisso, por não se enxergar nada com muita clareza. Os versos são o equivalente verbal de um borrão visual. Tudo é doce demais, lírico demais, enjoativo demais. Não dá para enxergar nada com precisão, porque tudo é impiedosamente sacrificado ao efeito sonoro. Os versos estão abarrotados de repetições e aliterações, que atingem o cúmulo do absurdo em "A frágil fresca flama do novo ano flui". A descrição existe basicamente para criar uma textura musical cheia de sonoridade. Cada frase é deliberadamente "poética". "Relvas maduras enredam o passo viajante" é apenas uma maneira rebuscada de dizer que o pé se enrosca no capim quando andamos. O tom é extasiado demais, a linguagem demasiado monótona. Os versos têm um brilho cintilante, mas sob o brilho são friáveis. Tem-se a sensação de que o mais leve sopro de realidade derrubaria essa frágil criação literária.

Apesar do ardor dos sentimentos, a linguagem de Swinburne é bastante abstrata. Usa substantivos gerais como "folha", "flor", "fruto" e "fogo". Nada é visto de perto. Compare-se aos versos do poema "O cata-vento aponta para o sul", de Amy Lowell:

> *Branca flor,*
> *Flor de cera, de jade, de ágata sem jaça;*
> *Flor com superfícies de gelo,*
> *Com leves sombras carmesim.*
> *Onde tal flor em todo o jardim?*
> *As estrelas povoam as folhas do jasmim*
> *Para te fitar.*
> *A lua baixa te banha de prata.*

Aqui, o olhar da poeta se detém no objeto. Os versos ressoam de assombro e admiração, mas suas emoções são refreadas pelas exigências de uma descrição precisa. O poema se concede apenas um pequeno voo da fantasia com "As estrelas povoam as folhas do jasmim/ Para te fitar", mas, tirando isso, ele subordina a imaginação à realidade. Em "A lua baixa te banha de prata", é como se a lua estivesse rendendo homenagem à flor, mas, se a imagem é fantasiosa, é também uma afirmação de fato. O poema de Swinburne é cheio de ritmos hipnoticamente repetitivos, alinhavando frases com excesso de sílabas, enquanto os ritmos do poema de Lowell são tesos e contidos. Há controle e economia em sua linguagem. Embora comovida pela beleza da flor, não perde a serenidade. Os versos de Swinburne avançam tropeçando febrilmente, enquanto Lowell avalia o peso e o equilíbrio de cada frase.

Terminemos com um poeta de inegável estatura. Com efeito, existe concordância quase universal sobre o valor de sua obra. A tal ponto, de fato, que é pouco provável que venha algum dia a cair no esquecimento. Presente em muitas antologias, ele tem assento entre os imortais tão seguro quanto Rimbaud ou Púchkin, e seu renome nunca sofreu os altos e baixos de alguns colegas escritores. Refiro-me ao poeta oitocentista escocês William McGonagall, por consenso geral um dos autores mais atrozes que jamais encostaram a pena num papel. Eis um excerto de sua "Ponte da ferrovia sobre o Tay prateado":

> *Bela ponte nova da ferrovia sobre o Tay prateado,*
> *Com teus sólidos pilares de tão grandioso entijolado;*
> *E tuas treze vigas mestras centrais que, por meu lado,*
> *Parecem fortes para arrostar um temporal desenfreado.*
>
> *E, ao olhar para ti, meu coração se sente rejubilado,*
> *Pois tu és a maior ponte ferroviária no atual estado;*
> *E pode ser vista a quilômetros no horizonte recuado,*
> *A norte, sul, leste ou oeste do Tay, por qualquer lado...*
>
> *Bela ponte nova da ferrovia sobre o Tay prateado,*
> *Com tuas belas guardas acompanhando o traçado,*
> *Que darão grande proteção durante um vento agitado,*
> *E o trem com seus vagões não será descarrilhado...*

O mundo está cheio de poetas medíocres, mas é preciso um grau de inépcia sublime para rivalizar com a proeza estuporante de McGonagall. Ser tão inesquecivelmente pavoroso é um privilégio concedido a poucos. Com grandiosa coerência, ele nunca se afasta dos padrões mais abissais. Na verdade, pode se vangloriar com toda a razão de nunca ter escrito uma linha anódina ou indiferente. É ocioso perguntar se alguém seria capaz de escrever assim, sabendo ao mesmo tempo como era horroroso. Como os participantes menos competentes dos programas de talentos na tevê, o fato de não saber o quanto ele é ruim faz parte de sua ruindade.

Mas uma dúvida continua a importunar. Imagine-se uma comunidade, talvez num futuro distante, em que ainda se usa o inglês, porém, talvez devido a alguma grande transformação histórica, com ressonâncias e convenções muito diferentes do inglês atual. Quem sabe: uma frase como "E pode ser vista a quilômetros no horizonte recuado" não se mostraria tão capenga; rimas como "prateado", "recuado", "traçado", "agitado" não soariam tão absurdamente repetitivas; o literalismo raso e a canhestrice rítmica de "Com teus sólidos pilares de tão grandioso entijolado" poderiam parecer muito atraentes. Se Samuel Johnson era capaz de reclamar de algumas das imagens mais originais de Shakespeare, por que estaria absolutamente fora de questão que um dia McGonagall fosse saudado como grande poeta?

Índice remissivo

abstração e crítica literária 155
ação
  e valor literário 195
  ver também narrativa; enredo
aliteração 20, 34, 207
ambiguidade e interpretação 128-129, 146
arbitrariedade e narrativa modernista 111-112, 114
Aristóteles 64, 66-67, 72, 74, 121, 195
  Ética a Nicômaco 66
  Poética 66, 121
artificiosidade
  em Faulkner, William 199-200
  em Updike, John 196-197, 201
assassinato 44-47, 162
descrição literária 202-203
atitudes
  atitude do autor com os leitores 153
  atitudes do autor e obra 21-22, 43-44, 88-89, 104-108, 143, 161-162
  e significado 151
  e tom 19
  recepção da obra literária ao longo do tempo 66, 188-190, 209
Austen, Jane 42, 123, 191
  Emma 54
    personagem de Emma Woodhouse 60
  Mansfield Park 59, 83
  Orgulho e preconceito 28-31
  Persuasão 30
  Razão e sentimento 43

autor
  atitude com os leitores 153-154
  atitudes e obra 21-22, 43-44, 88-89, 104-108, 143, 161-162
  como ficção 48-49
  discurso ao(s) leitor(es) 31-33, 95
  e significado das obras 139-140
  experiência e expressão pessoal 140-144
  motivos ulteriores e manipulações do enredo 104-109, 165-166
autores anglo-irlandeses 91-92

"Baa baa black sheep" 134-135, 137-139, 143-149, 151
Balzac, Honoré 71, 76, 84
Beckett, Samuel 43-44, 66, 71-72, 76, 90, 114, 133, 143
  Esperando Godot 43, 73, 121, 195
  Malone morre 71
  Molloy 90
  Respiração 66
Bellow, Saul 89, 187
  Henderson, o rei da chuva 89-90
Bentham, Jeremy 101
Bíblia
  e personagem 71-72
  humor involuntário 139-140
  linhas iniciais 26-29
  midrash e interpretação 148
  ver também Evangelho de São João, primeiras linhas
Bildungsroman 165-166

Blake, William 147, 176, 190, 194
 "Tigre" 194
boa literatura
 avaliação 192-197
 ver também valor
Brecht, Bertolt 72, 83-84, 183
 Ópera de três vinténs 72
Bridehead, Sue (personagem) 77, 81, 99
Brontë, Charlotte 14, 60, 108
 Jane Eyre 14, 60, 91, 107, 129, 165, 172
 Villette 108
Brontë, Emily 11
 O morro dos ventos uivantes 11, 13-14, 91, 109
 personagem de Heathcliff 11-12, 14-15, 53-54
Browning, Robert 139
Burgess, Anthony 47-48
 Poderes terrenos 47
Burns, Robert 194

cantigas infantis 138, 145
 ver "Baa baa black sheep"; "Goosey Goosey Gander"
Capote, Truman 126
 A sangue frio 126
cenário *ver* contexto
Chaucer, Geoffrey 30-31, 62, 65, 141, 186
 Contos da Cantuária 30, 68
Chomsky, Noam 183
Christie, Agatha 93, 120
 O assassinato de Roger Ackroyd 93
cinema
 crianças sinistras 176
 e clichês 133
civilidade e convenção 42-43

civilização
 e origens em *Grandes esperanças*, de Charles Dickens 161, 163-164, 170
 sinceridade dos valores da classe média 168-169
Clarissa (personagem) *ver* Richardson, Clarissa
classe *ver* classes sociais
classes sociais
 contrastes em *Oliver Twist*, de Charles Dickens 168-169
 e nomes nos romances de *Harry Potter*, de J.K. Rowling 177
 sinceridade de classe média em *Oliver Twist*, de Charles Dickens 168-169
clichês 133
coerência e valor literário 194-195
comédias
 e valor literário 194
 ver também humor
complexidade
 e valor literário 194
 sintaxe modernista e resistência à interpretação 130-134
Conan Doyle, Arthur 128
conhecimento
 e significado 148
 narrativa modernista 113-114
Conrad, Joseph 91, 103, 109-110, 113, 115-117, 133
 O coração das trevas 103, 110, 115-116, 120, 133
 Sob os olhos do Ocidente 91
conteúdo e forma e interpretação 12-13, 136-138
contexto
 e interpretação 123-126, 131-132, 145-146, 150-151, 187-188
 e personagem 67-71

Índice remissivo

e valor literário 187-193, 209
contos de fada e aberturas 26-27
convenção
  como influência 42-44
  e valor literário 179-185
copulativo 25
crianças
  como leitores dos romances de *Harry Potter*, de J. K. Rowling 173
  como narradores 97-98
  e diversidade 175-176
  opressão na sociedade vitoriana 162
crítica literária
  aspectos "micro" 51
  avaliação da boa literatura 191-196
  ver também valor
crítica social e narrativa 100-104

Dante, Alighieri 65, 72, 75, 141, 191
  A divina comédia 72, 114, 188, 191-192
Defoe, Daniel 72, 105-106, 131-132
  Moll Flanders 72, 105-106, 131
  Robinson Crusoé 105
detecção paranoica de enredo 121
Deus 13, 26-29, 57, 59, 80, 139, 159, 180-182
dever *ver* Milton, Lícidas
Dickens, Charles 14, 34, 57-59, 72, 92-93, 99, 101-102, 127, 129, 154, 156-158, 161, 165, 167-168, 171, 185-186
  caricaturas de figuras urbanas 184-185
  David Copperfield 92, 107
  Edwin Drood 34
  família como refúgio 157, 168
  Grandes esperanças 93, 154, 159, 161, 163, 165, 168-170, 172, 174
  Nicholas Nickleby 58, 129
  Oliver Twist 28, 58, 93, 155, 168
  "personagens" em ação 57-58
  tema da riqueza e poder em 158, 160-161, 164-165
  Tempos difíceis 101
  Um conto de duas cidades 127
  visão infantil do mundo 92-93
Dickinson, Emily 36-37
  "Minha vida findou duas vezes antes do seu fim" 36
diferença cultural e valores 189, 190, 193
disfarce e encobrimento 33-34
diversidade e apelo da literatura 191
Donne, John 187
Dostoiévski, Fiódor 192
drama *ver* peças
duplo sentido 128-129
Durrell, Lawrence 141
  Quarteto de Alexandria 141

E.T. (filme) 176
Edgeworth, Maria 94
  Castelo Rackrent 94
efeito deliberado 49, 50
Eliot, George 71-72, 74-76, 82, 95, 98-100, 107, 112, 116, 133, 139, 141, 166, 183, 185
  Adam Bede 95, 98
  Middlemarch 99, 107
Eliot, T.S. 133
  "A terra desolada" 76, 112, 139, 183, 195
Emily Brontë 11
emoção e convenções 42, 44
empatia com personagens 82-86

enredo
  e narrativa 120-121
  e valor literário 195
  manipulação e motivos ulteriores 104, 106-107, 109, 165-166
entretenimento e valor literário 192-193
esfera pública e privada 71, 157-158
especificidade histórica 190-191
Ésquilo 67
estereótipos 64, 94, 98
estilo obscuro e interpretação 129-131
estratégias críticas *ver* crítica literária
Evangelho de São João, primeiras linhas 28
evidência e interpretação 144-148, 151
excentricidade e "caráter" 57-58
  termos para descrever 61-62
excêntricos 61-62
Exorcista, O (filme) 176
experiência
  e expressão pessoal 140-144
  e poesia 195, 196
experiência pessoal e interpretação 140-144
Eyre, Jane (personagem) *ver* Brontë, Charlotte

família como tema
  e ordem social 171
  em *Grandes esperanças* de Charles Dickens 156-160
  em *Oliver Twist*, de Charles Dickens 169
  nos romances de *Harry Potter*, de J.K. Rowling 173, 175-176

fato *ver* realidade e ficção; verdade e escrita ficcional
Faulkner, William
  Absalão, Absalão! 199
ficção *ver* realidade e ficção
Fielding, Henry 61, 65, 83, 107-108, 180, 183
  Joseph Andrews 61
  Tom Jones 83, 108, 110, 170
filosofia e literatura 14
Flaubert, Gustave
  Madame Bovary 63
Ford, Ford Madox
  O bom soldado 91, 113
forma
  e conteúdo e interpretação 136-139
  e leitura de obras literárias 12-13
  e sentimento 42-43
  tensão com conteúdo 13
Forster, E.M.
  Uma passagem para a Índia 17, 21, 23, 88, 140
frases longas 45
Freud, Sigmund 74, 109, 110, 159-160, 175-176
  síndrome do romance de família 160, 170-171

Gaskell, Elizabeth
  Mary Barton 114
Gênesis, linhas de abertura 26-28
Ginsberg, Allen 62
Golding, William
  O senhor das moscas 103-104
  Pincher Martin 93
"Goosey Goosey Gander" 138, 146
Grandes esperanças *ver* Dickens, Charles

Índice remissivo

Greene, Graham
  Brighton Rock 144
  O cerne da questão 97
Grisham, John 192

Hardy, Thomas
  caracterização de Sue Bridehead 77, 81, 99
  Judas, o obscuro 77, 81, 99
  Tess of the d'Urbervilles 100
Harry Potter *ver* Rowling, J.K.
Heathcliff (personagem) *ver* Brontë, Emily, *O morro dos ventos uivantes*
Hemingway, Ernest 69, 196
Hobbes, Thomas 59
Homero 67
humor
  absurdo em Flann O'Brien 46-47
  comédia e valor literário 194
  e "figuras" excêntricas 58-61
  em *Grandes esperanças*, de Charles Dickens 167-168
  interpretação e humor involuntário 139-140
  linguagem de Vladimir Nabokov em *Lolita* 200-201
  paródia de W. Somerset Maugham por Anthony Burgess 48-49
  tom característico de Samuel Beckett 43-44
  ver também ironia; e para sátira *ver* Swift, *Viagens de Gulliver*

Ibsen, Henrik
  Hedda Gabler 53
identidade e modernismo 72-73
imagens
  em *Grandes esperanças*, de Charles Dickens 166-167
  em *República do amor*, de Carol Shield 204-205
imagens de sereias 204-205
imaginação
  empatia 84-85
  românticos e poder visionário 181
  suspeita neoclássica da originalidade 180, 183
indivíduos autônomos 68, 70
indivíduos/individualismo 56-57, 59, 61-65, 67-68, 70-71
inferência e interpretação 136, 144-145, 152-153
inícios 17-51
  da Bíblia 26-29
  de peças 24-26, 43
  de poesia 34-41
  de romances 17-23, 29-34, 43-48
  e modernismo 111-112
inovação *ver* originalidade
intemporalidade e valor literário 186-192, 209
interpretação 50-51, 123-177
  autores e significado 138-139
  e ambiguidade 129, 148-149
  e contexto 123-125, 131, 145-146, 149-150, 186
  e literatura intemporal 186-188
  e pressupostos 152-153
  e provas 144-148
  estudo de caso de "Baa baa black sheep" 134-139, 144, 146-150
  estudo de caso de *Grandes esperanças*, de Charles Dickens 153-172, 174
  estudo de caso dos romances de *Harry Potter*, de J.K. Rowling 173-177

experiência e autoexpressão 140-144
fato e ficção 127-129
resistência e complexidade modernistas 129-130, 132-133
significados múltiplos 148-151
inversão da sintaxe 38
irlandade 44-47
   autores anglo-irlandeses 92-93
   e linguagem 133
   tipos irlandeses como narradores 94-95
ironia 22, 29-30

James, Henry
   "A arte da ficção" 109
   A volta do parafuso 90, 144
   As asas da pomba 23, 129
   Os embaixadores 129
   Pelos olhos de Maisie 92
James, P.D. 120
Jobs, Steve 196
Johnson, Samuel 58, 65, 180, 187, 209
Joyce, James
   Finnegans Wake 76, 120, 133, 183
   Ulisses 73, 83, 112, 120, 130, 194-195
   Um retrato do artista quando jovem 89
Judas, o obscuro ver Hardy, Thomas

Kafka, Franz 72, 121
Keats, John, "Ao outono" 34, 182
Kermode, Frank 24
King, Edward 39
Kundera, Milan
   O livro do riso e do esquecimento 121

Larkin, Philip
   "As árvores" 35
   "Os casamentos de Pentecostes" 36
Lawrence, D.H.
   Filhos e amantes 98, 171
   Mulheres apaixonadas 98, 112
   O amante de Lady Chatterley 98
Lehrer, Tom 156
leitores
   atitude do autor e interpretação 152-153
   autor que se dirige a 31-32, 95
   e criação de sentido 129-131, 150-151
   recepção da obra literária ao longo do tempo 66-67, 150-151, 187-188, 209
Lênin, Vladimir Ilyich 43
Lévi-Strauss, Claude 113
linguagem
   autores irlandeses escrevendo em inglês 44-45, 133
   dicção e valores vitorianos 155
   interpretação 129-132, 136, 142
   literatura realista 195-209
   poesia 13, 206-209
   realidade 131-134
   sensibilidade e crítica literária 51
   termos genéricos 62-65
   valor literário 195-209
linguagem dissociada 203-204
literatura doutrinária 187
literatura realista
   abordagem da solução de problemas 130, 131
   e língua 195
   e personagem 69-70, 81
   e reconhecimento do leitor 32-33
   e valor literário 186, 198-200

Índice remissivo

ilusão de realidade 128, 132-133
impossibilidade de narrar a realidade 117, 120
narrativa e recompensa da virtude 107-109
literatura ruim 208-209
ver também valor
Locke, John 59
Lowell, Amy
"O cata-vento aponta para o sul" 207
Lowell, Robert
"O cemitério quacre em Nantucket" 37, 140

Macbeth, Lady (personagem) *ver* Shakespeare, Macbeth
Mailer, Norman 126
A canção do carrasco 126
Mann, Thomas 71, 91
Doutor Fausto 91
Marvell, Andrew 93
"À sua recatada dama" 93
Maugham, W. Somerset 48-49
McCourt, Frank 126
As cinzas de Angela 126
McGonagall, William 208
"Ponte da ferrovia do Tay prateado" 208
Melville, Herman 31, 33, 126
Moby Dick 31-32, 126
Mentalidade Europeia 76
metalinguagem e narrativa onisciente 95
métrica
de "Baa baa black sheep" 137
efeito dramático no uso de Lowell 38
manipulação de Larkin 36
pentâmetro iâmbico 36
ritmo métrico em *Passagem para a Índia*, de E.M. Forster 19

midrash (interpretação das escrituras) 148
Milton, John 39-43, 59, 104-105, 132, 185, 188, 190
Lícidas 39, 40-41, 43, 132, 188
e o peso do dever em 40-43
Paraíso perdido 59, 104, 123, 143, 192, 194
mitos e aberturas 26-27
modernismo
aberturas e finais arbitrários 111-112, 171
centro ausente em *Passagem para a Índia*, de E.M. Forster 23
complexidades da sintaxe e interpretação 130-132
e narrativa 111-117
e originalidade 182-183
e personagens 73-78
e problemas 111
moral
dos narradores de Daniel Defoe 106
e empatia com os personagens 82
romance e questões morais 82, 126
virtude moral e Charles Dickens 167-168, 170
ver também virtude
Morro dos ventos uivantes, O ver Brontë, Emily
mortalidade *ver* morte
morte
mortos vivos em *Grandes esperanças*, de Charles Dickens 163
na poesia 36-37, 39-43
narradores mortos 93
sugestões literárias 93-94
ver também assassinato

movimento operário em Tempos difíceis, de Charles Dickens 101
mulheres
  e narradores amorosos 99-100
  imagens de sereias 204-206
  personagem de Sue Bridehead 77-81

Nabokov, Vladimir 200-201, 203-204
Lolita 200, 202
narração híbrida 89-90
narrador onisciente 87-90, 95
  e viés 97-105
narradores inconfiáveis 90-95
narrativa 87, 91-92, 95-96, 98-100, 102, 104-105, 107, 110-121
  autoconsciência do narrador em primeira pessoa 167, 200-202
  autores como figuras ficcionais 48-49
  crianças como narradores 92-93
  discurso ao leitor 31-33
  e enredo 120-121
  e finais 108-110, 171
  e gêneros 45
  e modernismo 111-117
  e valor literário 195, 200-205
  e viés 97-105
  impossibilidade de narrar a realidade 116-120
  marginalização de Sue Bridehead em Judas, o obscuro, de Thomas Hardy 81
  motivos ulteriores e manipulação de enredo 105-109, 166
  narradores enganosos 93-95, 118
  narradores inconfiáveis 90-95
  narradores oniscientes 87-90, 95
  narrativa híbrida 89-90
  pontos de vista variados em *O morro dos ventos uivantes*, de Emily Brontë 13-15
  tom imparcial em *Passagem para a Índia*, de E.M. Forster 20-21
natureza humana
  e universal na literatura 61-63, 188-190
  visão neoclássica 180-181
  visão romântica 181
  ver também personagem
neoclassicismo
  e convenção 42
  e originalidade 180-181
nomes 31-33
  duplo sentido 128-129
  significados em *Harry Potter*, de J.K. Rowling 176-177
norma e excentricidade de caráter 58
Noviça rebelde, A (filme) 121

O'Brien, Flann 44-45, 93, 140
  absurdo em 47
  naturalidade da prosa 44-46
  O terceiro tira 44, 47, 93, 140
O'Casey, Sean 89
O arado e as estrelas 89
objetividade e valor 193
Oliver Twist *ver* Dickens, Charles
órfãos na literatura 170-172
origens e *Grandes esperanças*, de Charles Dickens 159-160, 166-167
originalidade
  e personagem 64
  e valor literário 179-185

Índice remissivo

Orwell, George 13, 49-51, 103-104, 196
  1984 49
  A revolução dos bichos 13, 103
  Otelo (personagem) *ver* Shakespeare, Otelo

pais
  falsos genitores em *Grandes esperanças*, de Charles Dickens 156-160
  órfãos na literatura 170-172
  padrastos nos romances de Harry Potter, de J.K. Rowling 172, 174-175
paradoxo, inícios bíblicos 28-29
parataxe 28-29
paródia 48
Passagem para a Índia, Uma ver Forster, E.M.
peças
  falta de narradores 95
  inícios 24-26, 43-44
  plateia e feitiço da peça 16
  pensamento psicanalítico *ver* Freud, Sigmund
pentâmetro iâmbico 37, 137
personagem 53-86
  caricaturas urbanas em Charles Dickens 185
  e tipos 61-64
  excêntricos 57-58
  malévolos 58-59
  papel na literatura 66-76
  significados da palavra 56-57
  ver também Dickens, Charles; Hardy, Thomas
personagens inocentes 61, 164
Pinter, Harold 54
Plath, Sylvia 139
poesia
  inícios 34-41

linguagem e valor literário 206-209
papel da linguagem 12-13
ponto de vista *ver* narrativa
Pope, Alexander 141-142
pós-modernismo 111
preconceito *ver* viés e narrativa
Price, Fanny (personagem) *ver* Austen, Jane, Mansfield Park
primitivismo e progresso no romance modernista 115-116
progresso e desilusão modernista 115-116
propriedade como influência 42
Proust, Marcel 67, 130, 186
psicologia e caráter
  e obras modernistas 73-75
  falta de interesse em 71-72

qualidade da literatura *ver* valor
qualidades clássicas na literatura 187-193
questões
  e início de *O terceiro tira*, de Flann O'Brien 46-47
  e interpretação 134-139
  em *Macbeth*, de William Shakespeare 24-25

Rankin, Ian 120
realidade e ficção
  autoridade do narrador 87-88, 90
  caráter esquivo da verdade 116-117, 131-133
  e linguagem 130-133
  e modos de leitura 12
  e oportunidade 85-86
  e personagem 53-56, 70-71

fantasia em *Harry Potter*, de J.K. Rowling 172-173
ficção de finais felizes 108-110, 164
figuras da vida real na ficção 48-49
impossibilidade de narrar a realidade 117-120
verdade e escrita ficcional 125-127
vida cotidiana e narrativa 105-106
visão modernista do mundo 111-113
recepção da obra literária ao longo do tempo 66-67, 150-151, 188-190, 209
Rendell, Ruth 120
resolução de problemas e romance realista 110-111
Richardson, Samuel 60-61, 100, 129, 147
   Clarissa 60-61, 110, 129, 147, 151
      personagem de Clarissa 60, 100
   Pamela 60
ritmo *ver* métrica
romance
   e abertura 17-23, 29-34, 44-47
   e questões morais 82, 126
romances distópicos 50
romances epistolares e narrativa 95
Rowling, J.K. 191
   romances de *Harry Potter* 172-176
   tema do bem e do mal em 173-174

sátira *ver* Swift, As viagens de Gulliver
Sayers, Dorothy 120
sentido
   e contexto 123-126, 131, 145-146
   leitores e criação do 130, 151
   literatura realista e transparência 131-132, 137
   mudança ao longo do tempo 186-187
   natureza pública 149-150
   sentidos múltiplos 148-149
   visão do autor sobre 139-140
   ver também interpretação
sexo
   duplo sentido 129
   e narrador em *Tess of the d'Urbervilles*, de Thomas Hardy 100
   e personagem em *Judas, o obscuro*, de Thomas Hardy 78-81
Shakespeare, William 13, 15, 23, 25, 38, 42, 54-55, 61, 68, 74, 95, 97, 108, 125, 128, 141, 143, 147, 149, 185, 187, 190, 209
   A tempestade 15, 54, 56, 108, 141
   Coriolano 68, 74
   Hamlet 28, 42, 53, 66, 70, 96, 127, 147, 186, 196
   Júlio César 38, 147
   Macbeth 23-26, 29, 54, 57, 121, 151
      personagem de Lady Macbeth 54, 57
   O mercador de Veneza 95, 147
   Otelo 68-70, 76, 121
      personagem de Otelo 68-70
   Rei Lear 12
   sonetos 128, 141
   Sonho de uma noite de verão 108

Índice remissivo

Shields, Carol 204
   A república do amor 204
simulacros e pós-modernismo 184
sinceridade
   do autor e obra 142-143
   sentimento e forma 42-43
   valores de classe média 168-169
   síndrome do romance familiar 160, 172
sinédoque 56
sintaxe
   complexidades modernistas 130-131, 133
   e efeito dramático no verso 37-38
Sófocles 67, 83, 141, 180, 186
   Antígona 186-187
   Édipo rei 141, 187
Stendhal (Marie-Henry Beyle) 71, 191
Sterne, Laurence 59, 117-118
   Tristram Shandy 59, 117-120, 153
subjetividade e valor 192-193
suposições e interpretação 152
surpresa e os personagens de Hardy 99-100
Swift, Jonathan 72, 88, 91-92, 153
   As viagens de Gulliver 88, 91, 186
Swinburne, Algernon Charles 206-208
   Atalanta na Caledônia 206
Synge, J. M. 133

teatro *ver* peças
temas e interpretação 154, 156-163, 166-167
tempo e inícios bíblicos 26-27
Tennyson, Alfred, Lorde 188
   In Memoriam 188

termos genéricos e personagens 61-63, 65-66
textura sonora 34
tipos e personagens 61-62, 94-95
Tolkien, J.R.R. 194
   O senhor dos anéis 194
Tolstói, Liev 71, 98, 106-107
   Anna Kariênina 98, 106
tom 19-21
   e ambiguidade 146-147
totalitarismo 50
tradição *ver* convenção
tragédia
   da negação em Lawrence 106-107
   tragédia grega e personagem 66, 83

universalismo
   e atemporalidade da literatura 189-191
   e personagem 62-63, 65-66
Updike, John 196-199, 201
   Rabbit at Rest 196
utilitarismo em *Tempos difíceis*, de Charles Dickens 101-102

valor
   análise de excertos 196-208
   critérios para boa literatura 191-196
   e entretenimento 192
   e eternidade da literatura 186-191
   e literatura realista 185-186
   e originalidade 179-185
valores *ver* moral; virtude
velhacos e vilões
   como personagens interessantes 58-59, 168-169
   e castigos justos 108

nos romances de *Harry Potter*,
    de J.K. Rowling 174-175
verdade e escrita ficcional 126-127
    busca modernista da verdade
        116-117, 132-133
vilões *ver* velhacos e vilões
Virgílio 67, 126, 190
    Geórgicas 126
virtude
    e virtudes morais aristotélicas
        66-67
    narrativa e recompensa 107-109
    personagens virtuosos 58-61, 168-169

Waugh, Evelyn
    Declínio e queda 102
    "Exercício tático" 198
    "O pequeno passeio do sr. Loveday" 152
Wilde, Oscar 62, 74, 90-91, 194
Williams, William Carlos 196
Woodhouse, Emma (personagem)
    ver Austen, Jane, *Emma*
Woolf, Virginia 71, 73, 76, 144, 195
    Mrs. Dalloway 71, 120

Yeats, W.B. 36, 112, 140, 144, 190

lepmeditores

www.lpm.com.br
o site que conta tudo

Impresso na Gráfica BMF
2022